U0570684

中华
爱国
人物故事
ZHONGHUA AIGUO RENWU GUSHI

以笔为枪永不休战的鲁迅

英子　立新　编著

吉林人民出版社

图书在版编目(CIP)数据

以笔为枪永不休战的鲁迅 / 英子, 立新编著. -- 长春: 吉林人民出版社, 2011.5
(中华爱国人物故事)
ISBN 978-7-206-07828-6

Ⅰ. ①以… Ⅱ. ①英… ②立… Ⅲ. ①鲁迅(1881~1936) - 生平事迹 Ⅳ. ①K825.6

中国版本图书馆CIP数据核字(2011)第075755号

以笔为枪永不休战的鲁迅

YIBIWEIQIANG YONGBUXIUZHAN DE LU XUN

编　　著:英　子　立　新
责任编辑:孙　一　　　　封面设计:七　洱
吉林人民出版社出版 发行(长春市人民大街7548号　邮政编码:130022)
印　　刷:鸿鹄(唐山)印务有限公司
开　　本:670mm×950mm　1/16
印　　张:8　　　　字　　数:70千字
标准书号:ISBN 978-7-206-07828-6
版　　次:2011年5月第1版　　印　　次:2023年6月第4次印刷
定　　价:35.00元

总　序

胡维革

《中华爱国人物故事》是一套故事丛书。它汇集了我国历史上80位古圣先贤、民族英雄、志士仁人、革命领袖、先进模范人物的生动感人史迹，表现了作为中华民族优秀传统的伟大的爱国主义精神。

爱国主义是人们对于“生于斯、长于斯、衣食于斯”的祖国的一种神圣感情，是人们对于自己民族的一种强烈的责任感和使命感，是感召和激励整个中华民族的一面永不褪色的旗帜。在漫长的历史上，爱国主义一直激励着中华儿女为祖国的独立、统一、进步和繁荣而英勇奋斗。从伟大的思想家教育家孔子到统一全国的千古一帝秦始皇，从秉笔直书著《史记》的司马

迁到鞠躬尽瘁死而后已的诸葛亮，从伟大的浪漫主义诗人李白到精忠报国的民族英雄岳飞，从七下西洋传播友谊的郑和到抗击倭寇的民族英雄戚继光，从苟利国家生死以的林则徐到为变法流血的第一人谭嗣同，从威震敌胆的抗联将军杨靖宇到人民音乐家聂耳与冼星海，从踏遍青山人未老的李四光到万婴之母林巧稚，从县委书记的好榜样焦裕禄到情系雪域献身高原的孔繁森……都表现出了强烈的爱国主义精神。正是由于热爱祖国的人们前仆后继地奋斗，国家和民族才得以生存，历经一次次历史危急关头而能转危为安，走向兴盛和富强，从而屹立于世界民族之林。爱国主义是鼓舞中华儿女历经忧患、跨越沧桑、百折不挠、自强不息的伟大力量，它贯穿于中华民族的整个历史，并有力地凝聚着五洲四海的中国人。

爱国主义是一个历史的范畴，在社会发展的不同阶段、不同时期有着不同的具体内容。革命时期，需要我们为祖国的独立自主出生入死；建设时期，需要我们为祖国的繁荣富强增砖添瓦；在全国各族人民团结一心建设富强、民主、文明、和谐的社会主义现代化国家的今天，我们要争做一名新时期的爱国者。新时期的爱国者要有强烈的民族自尊心和自豪感。民族自尊心和自豪感是任何时期任何爱国者都必须具备的情感。民族自尊心能增强我们自立向上的恒心，民族自豪感能树立我们建设祖国的信心。要树立"祖国高于一切"的崇高信念，为了祖国和人民的利益不惜抛却个人的利益，甚至不惜牺牲个人的生命。要树立终身学习的理念，拓

宽自己的知识面，广泛吸收新知识新技术，完善自身的知识结构，更新学习知识的方法与理念，从思想上、知识上充分武装自己，为祖国的繁荣昌盛贡献力量。

爱国主义思想的继承和发扬，是关系到民族盛衰、国家兴亡的根本问题。一代代人爱国主义思想情操的形成，需要不断地培养。培养爱国主义的一个重要途径是向爱国主义的英雄人物和典范事迹学习。这套丛书的出版，对于人们向英雄和先进人物学习，特别是对于在中小学生中进行爱国主义教育，将可提供一些生动的教材。祝愿此书出版发行成功，为培养“四有”新人做出贡献。

于2011年4月23日

世界读书日

中华
爱国
人物故事

○目录
CONTENTS

目录

CONTENTS

抗俗的抉择

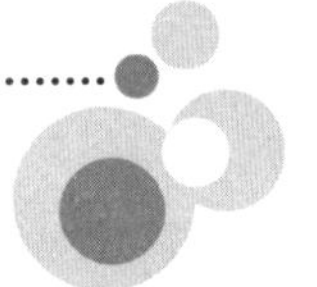

鲁迅的故乡绍兴，是一座著名的水乡城市。它地处杭州湾南岸，这里河网纵横，土地肥沃，素称鱼米之乡。2 000多年前，越王勾践在此卧薪尝胆，艰苦复国。从而，不仅使绍兴成为治理江南地方的中枢要地之一，也留下了悠久的古代文化，被称为“江浙文人渊薮”。

1881年9月25日（清光绪七年八月初三），鲁迅诞生在东昌坊口的新台门周家。取名樟寿，字豫山，因“豫山”同当地“雨伞”发音相近，就改为豫才。

鲁迅诞生之时，正是古老的中华民族处于帝国

主义的威迫，灾难重重的时代。风雨飘摇、社会动荡，给鲁迅的家庭打下了深深的烙印。他的祖先原来是个封建大家族，在当地以功名富贵著称，曾有过显赫的鼎盛期。太平天国攻占绍兴时，鲁迅的曾祖父携一家大小逃到了农村，周氏各家逐渐走向衰落，鲁迅一家也只剩下四五十亩水田，维持着“不愁生计”的生活。

时代的风云，家庭的窘况，并没给孩提时的鲁迅留下阴影。他无忧无虑，天真快乐。整日缠着祖母讲“猫是老虎的师父”“水漫金山”等有趣的故事和民间传说。鲁迅童稚的心，随着这些美妙的传说和故事情节的发展变化，时而忧伤，时而高兴。他躺在小饭桌上，在夏夜的安宁和静谧中，听着这些古老而动人的故事，去感受植根于民间文化中美的力量和热情，并把它们长久地保留在记忆中。

生命初始体验有价值的东西，朦胧而又直接。幼年鲁迅从生活中的普通人身上，看到并感受出了人的自由情感和价值。在鲁迅不到一岁时，家人为了他能好养活，特意为他拜龙和尚为师。可这师父从不教鲁迅一句经，也不对鲁迅讲什么佛门规矩，总是和气可亲的。他自己也蔑视清规戒律，留须、结婚、养孩子。这都给鲁迅留下深刻的印象和有益的启示。

最使鲁迅难以忘怀的，是曾经同他朝夕相处的保姆长妈妈。这是一个勤劳、善良而朴实的农妇，她年轻守寡、孤苦无依，对鲁迅爱抚、体贴入微。她头脑中有不

鲁迅纪念馆

少迷信禁忌和满肚子的麻烦礼节，她让鲁迅照她说的这一套做，常常使鲁迅感到非常厌烦。但是长妈妈又善于讲美女蛇和太平天国的故事，这又很招鲁迅喜欢。鲁迅曾听一位远房叔祖玉田老人讲，有一部叫《山海经》的书，上面有许多稀奇而好看的图画。鲁迅很想得到它，但不知到哪里去找，整天惦记着。这引起长妈妈的注意，她来问《山海经》是怎么一回事。鲁迅明知她不懂，说了也无用，但既然来问，也就对她说了。过了些日子，她回乡探亲归来，一见鲁迅面，就把一包东西递过来，高兴地说："哥儿，有画儿的'三哼经'，我给你买来了！"这是一个怎样出人意料的消

鲁迅纪念馆庭院内，安放了一只鲁迅先生家乡绍兴的“乌篷船”。

息啊，它比过年还使鲁迅兴奋。他赶紧接过来，打开一看，是4本小小的书，里面果然有人面兽、九头蛇等等，虽然刻印十分粗劣，但是其中的图画，尤其是那没有头却“以乳为目，以脐为口”，手舞盾牌、大斧进行战斗的神话人物“刑天”，他那死而不休战的精神，给童年的鲁迅留下深刻难忘的印象。鲁迅从长妈妈手里接过的不仅仅是自己渴望的4本小小的不平凡的书，同时接过的还有长妈妈那颗劳动人民诚挚炽热的心和无比深厚的情意。在她的身上，鲁迅最初，也是最深地感受到了中国劳动者最可贵的淳朴品质和直率的个性。

和所有的孩子一样，鲁迅也憧憬着大自然，敬仰着心目中的英雄。周家老屋后面，有个将近2亩地大的菜园，叫“百草园”，虽然生长着杂草，却成了鲁迅的乐园。尤其是冬天，一下大雪，农民章福庆就带着儿子闰土来，除帮助大人干些零活，还和鲁迅一同玩耍。给鲁迅讲冬天里捕鸟的故事，夏天里看瓜的故事，广博的生活知识、乡野里的英雄形象，都使鲁迅走进了生命快乐的田野里，无拘无束。

书香门第的周家，对孩子的教育非常重视、独特。祖父周福清，进士出身，为人耿介清高，颇有学问。鲁迅出生时，他正在北京做官。他主张孩子们读书要先从学习历史知识入手，并教育后辈做事要有恒心。这些都

给鲁迅以一定的影响和启示。父亲周伯宜，是个始终没有考上举人的秀才，一直赋闲在家。他为人正直，尚有爱国心。他用封建的一套教育孩子，不许孩子欺负别人，但如果受人欺负，他主张不示弱，以强抗强。当多数人都追求科举考试、功名利禄之时，他却主张让几个孩子分别到西洋、东洋去学本领，好为国出力，实乃难得。母亲鲁瑞，善良、倔强，性格坚毅，她自修获得看书的能力，爱看弹词、小说，爱讲故事，深得鲁迅的依恋和尊敬。

跟孩子的生活兴趣相违背的是古老的封建教育。鲁迅7岁入私塾，12岁又到全城著名的三味书屋，受着纯粹的封建式教育：学启蒙的历史书《鉴略》，读《四书》《五经》一类。鲁迅虽然不爱读，也读不懂，但他还是努力学习，成绩很优异，显示出过人的才智。他在后来回忆这段生活时说："孔孟的书我读得最早、最熟，然而倒似乎和我不相干"，真实地表达出他对封建教育的厌恶之情。

不满意正统的封建教育，就自己寻书看，民间的俗文化及乡野的自由精神熏陶着鲁迅，培养着他独立思考的个性。一次，一位长辈赠给鲁迅一本《二十四孝图》。听说是本有图的书，鲁迅高兴极了，但翻开一看，却大失所望。书中宣传的"孝道"都是些不近情理的故事。

尤其是“老莱娱亲”“郭巨埋儿”，更使他感到非常厌恶。70多岁的老莱，按理说该手扶一支拐杖，可他却手拿玩具“摇咕咚”，身穿童装，假装跌倒，躺在父母跟前，学婴儿啼哭，装痴卖傻，真是令人作呕。而郭巨的儿子，却实在可怜。郭巨为减轻家庭负担，好供养老母，正在挖坑，要把儿子埋掉。手玩“摇咕咚”的儿子却全然不

知。凭着儿童的情感直觉，鲁迅说："不但自己不敢再想做孝子，并且怕我父亲去做孝子了。家景正在坏下去，常听到父母愁柴米；祖母又老了，倘使我的父亲竟学了郭巨，那么，该埋的不正是我吗?"这真切的表白，透露出幼小的鲁迅对虚伪的封建道德的憎恶、反感和怀疑。

鲁迅学习的兴趣十分广泛，他不但爱听故事，喜欢图画，而且爱看杂书，爱看地方戏。他除了读传统的儒家著作外，还读过许多的野史、杂记和故乡先贤的遗著。从三味书屋放学回家，鲁迅做完功课，最喜欢做的事情是搜集画谱。他把过年分得的压岁钱，都用在购买画谱上。实在买不起，他就用一种薄而透明的荆川纸蒙在画上，一笔一笔地描画。抄书，也是鲁迅在课外爱做的事情。他非常喜欢那些有关草木鱼虫之类的读物，所抄的也是这一类，从而便养成了种花的爱好。少年的鲁迅几

鲁迅纪念馆内鲁迅铜像

乎可以称为一个知识渊博的小小植物学家，他不但力求知道植物的栽培方法，而且还为它们分类，对照《花镜》一书，查考它们的习性。爱好的广泛，扩大了他的知识视野，也培养了他日后博学强记的能力。

鲁迅与少年闰土

传统的封建教育和道德规范是禁锢不住鲁迅那一颗活泼的心的。他有自己广泛的生活空间。每年，他总有两次要随母亲住到绍兴安桥外婆家里，后来还到皇甫庄、小白本埠大舅父家里寄居过。这些地方是绍兴城外的水乡泽国，宽狭不等的小河，潺潺地流过村边，片帆轻舟在水面上缓缓穿行。鲁迅一到这里，便乐而忘返，把它看成是美丽而自由的天地。在农村，他可以不受封建礼教的困扰，整天地和农民、渔民的孩子们在一起玩耍，划船、钓鱼、捉虾，欣赏水乡夜景，或坐在船头看社戏，上岸摘罗汉豆……这种实际的生活感受，培养了他对劳动农民的感情，使他逐渐了解他们勤劳、淳朴的品德，知道他们毕生受着压迫，生活十分痛苦。

从受正统的封建文化的教育，到洋溢着笑声充满魅力的嬉戏，无疑使孩童的鲁迅在摆脱封建文化的精神氛围束缚的瞬间，充分体会到了淳朴人性的美好，看到了人的自由本能和自由意志。这一切，都为他后来从事的文化改造工作，铺垫下坚实的心理基础。

人生旅程，变化万千。就在鲁迅13岁那年，他的家庭突然发生了一件很大的不幸事件。他的祖父为了使自己的儿子和亲友能考上举人，竟向当时到浙江省主持科

举考试的主考官行贿，不料被告发。清政府扬言：捉拿不住他时，就捉拿他家中其他的男人。全家惊恐万状，鲁迅和他的弟弟便被送到舅父家避难。由于家庭发生变故，世态炎凉，人情淡薄，这次竟受到了不同以往的冷遇，被称为“乞食者”。同族的长辈也看不起他这一家，甚至加以欺凌。而劳动人民和他们的孩子，却同过去一样殷勤好客。两相对比，鲁迅的心灵早早地认识到了被封建文化浸染的上层社会的势利、虚伪和民间淳朴的风俗里劳动人民不曾泯灭的真正的人性之光，从而使他在思想上对封建的传统文化产生了怀疑、厌倦。

后来鲁迅祖父为避免全家遭难，主动自首，被囚于监狱。鲁迅和弟弟结束了半年多的迁徙流转的生活，回到城中的家。可又一不幸的事情降临，他的父亲患了水肿病，病倒了。一面要为父亲治病，一面又要托人营救祖父。不久，周家的田户变卖得所剩无几，经济力量渐渐支持不住而濒于破产了，只好靠典当来维持生计。

作为家中的长子，鲁迅自然要分担压在母亲肩上的重负。几乎每天他都出入当铺和药店之间。他从比他高一倍的柜台外送上衣服或首饰，在侮辱里接了钱，再到一样高的柜台上给久病的父亲买药。他默默地忍受着人们投来的轻视的眼光，自尊心受到了极大的伤害。为父亲诊病的是所谓的“名医”，诊金很高，医术中却掺杂了不少迷信落后的成分，使父亲终于在1896年死去。经过这些剧变，鲁迅的家庭彻底破落了，他也尝到了人生的辛酸滋味，终于和他童年的宁静生活永远告别了。后来他回忆这段经历时说：“有谁从小康人家而堕入困顿的吗，我以为在这路途中，大概可以看见世人的真面目。”

生活是最好的教科书。家庭的变故，使鲁迅有可能

从被损害的角度去思考人生问题，去进一步认识封建伦理道德的真相，去更深刻地体会出封建文化是与人性的发展相悖的。他学会了思考人生，观察生活。

家庭的败落，促使鲁迅自己来考虑生活的道路。当时绍兴破落户的读书人家子弟所惯走的老路，就是去学做生意或当官僚的属员，鲁迅却厌恶这两种生活。他已厌倦了封建文化统治下的人生世相，决心“走异路，逃异地”。他从困顿中站起来，毅然决然跨出了封建宗法社会的门槛，离家去南京，“去寻求别样的人们”。

这一年，鲁迅18岁。

跨越的积累

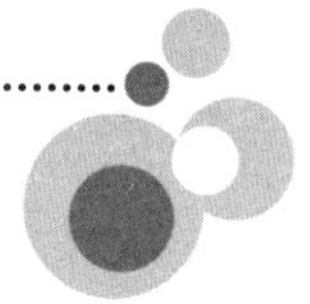

决定一个人命运的只有关键的几步。告别故乡，走出家庭的鲁迅，来到南京求学，开始了新的人生选择。

那时的人们都认为读书应试是“正路”，而要进洋学堂，学洋务，便会被看作是把灵魂卖给了洋人，要加倍受到奚落和排斥。就在鲁迅报考南京江南水师学堂时，在这里供职的本族叔祖，却为他改了名字，叫周树人。一个如此保守的人，却能起出这样响亮的名字，也算是历史的幸运。从中我们也看出鲁迅的人生选择，伊始就具有叛逆性。

1898年，鲁迅就读于江南水师学堂的管轮班，也就是后来的轮机科。

这一年，中国历史上著名的政治运动戊戌变法发生了。这个属于改良主义性质的运动，虽然不能从根本上拯救危难的中国，但在资产阶级民主革命运动兴起之前，

起到了传播新思想的积极作用。

鲁迅还在绍兴时，就看过维新派主办的《知新报》，深为面临垂亡的中国而忧虑不安。可此时的水师学堂，虽然是洋务派创办的“洋学堂”，却连一丝新鲜的空气都没有，每日照例是读古文、作八股、爬桅杆等等，这使鲁迅十分失望，他决定离开水师学堂，改考江南陆师学堂附设的矿务铁路学堂，简称矿路学堂。

就在鲁迅进入矿路学堂前的空隙，回绍兴探亲时，发生了一件事。他在母亲和同族叔辈的劝说下，和二弟周作人参加了一次科举考试，县考初试他考中了，而此时四弟不幸夭折，他忙完丧事，就返回南京，没再参加复试。这事不难让人看出，处在新旧文化交替中的鲁迅，

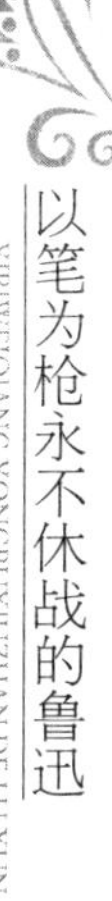

虽然反感封建的科举制度，可为抚慰亲人还能强作敷衍，最后托故不参加复试，也终究表明鲁迅不愿意再走老路的决绝态度。

矿路学堂，开始了鲁迅真正的学习生活。这里学习德文，还有物理、化学、地质学、矿物学和金石学等，这使鲁迅获得了自然科学的初步知识，也都是他过去所不知道的，因而感到非常新鲜，后来他曾经说：“我首先正经学习的是开矿。”足见这段学习生活于他是很有意义的。

矿路学堂的总办，倾向维新，这使学校有了开明、清新的风气。校中设立读报处，有《时务报》《译书汇编》等，广泛地介绍西方的政治、经济、文化。鲁迅热心于搜求和阅读新书报。最喜欢读的是一本英国生物学家赫胥黎的著作《天演论》。这本宣传达尔文进化论的通俗书籍，为鲁迅展现了一个前所未闻的全新的思想境界。他一口气读完，直到背诵如流。他那颗年轻的心再也无法平静了。“物竞天择”“适者生存”的观念，深深地印入他的脑海，成为这位东方文化巨人真正的开蒙读物。他开始意识到备受帝国主义侵略的中国，在这个竞争激烈、优胜劣汰的世界上，如果再按照老一套的生活方式，就有灭亡的危险。因此，要“自强保种”，就必须抛弃那些落后、腐朽的东西，虽然那些东西是“祖传”的法宝。

要学习西方先进的、新鲜的事物。

鲁迅读书极其刻苦。他在学堂年龄最小，但理解能力却很强。每逢考试，他不临渴掘井，总是成绩十分优异。鲁迅从不爱虚荣，他把得到的金质奖章变卖，用来买书，也买点心请同学。他总是抓紧时间，追求新学问。他设想要用科学救国，要用先进的知识教育民众。

“新学”的教育，并没有削减鲁迅对文学的兴趣。除了功课，他还很爱看小说、戏曲。《红楼梦》《西厢记》他喜欢读，林琴南的译本小说他也很感兴趣。从少年时代起，鲁迅对古代文化的学习，就很显示出他的独特眼光。凡是“正宗”“正统”的东西，他都不看重，另外去找有价值的作品来读，从中汲收朴素的唯物主义思想，这为他日后从事文化研究，打下了良好的基础。

鲁迅在仙台时与同宿舍的人合影

1902年1月，鲁迅以一等第三名的优秀成绩，从矿路学堂毕业。3月，被批准赴日本留学。开始了他文化积累的新时期。

百草园

日本与中国一衣带水，与美洲隔洋相望。明治维新之后，大规模引进西方文化，在精神上、文化上缩短了现代化差距。因此，学西方，就得学日本，日本成了中国了解西方，走向世界的文化桥梁。大批的中国留学生来到日本。

鲁迅到日本，就仿佛登上了一座通往世界的快车。他开始比较完整地接触了西方的文化思想，为他在文化战线上的崛起，提供了不可或缺的养料。

鲁迅先在弘文学院集中精力学日语。他夜以继日，以过人的毅力和资质，十分扎实地掌握了日语。这为他了解西方，创造了必要的条件。

鲁迅没把自己关在书屋里。当时，以孙中山为代表的资产阶级革命运动正在兴起。鲁迅深受影响，他怀着极大的热情，听讲演、赴集会，满怀激烈的爱国之情，使他志在光复。

1903年的一天，鲁迅不顾清政府的警告，毅然剪掉了那根象征清朝统治的辫子。剪掉之后，还照了一张照

鲁迅故居

片，并在上面写下一首《自题小像》的诗："灵台无计逃神矢，风雨如磐闇故园。寄意寒星荃不察，我以我血荐轩辕。"这一洋溢着爱国主义激情的诗篇表达了他反抗种族压迫的决心。

要革命必反清，首先要唤醒愚昧落后的群众。由于身处异国，刺激多端，他便深入思考三个互相关联的问题：一、怎样才是最理想的人生？二、中国国民性中最缺乏的是什么？三、中国的病根何在？他想从寻找民族文化的积弱，来探求一条民族解放之路。这实质上，也就是一个用什么样的文化来装备国民的问题。可见，他一开始就把视点投射到深层的文化方面，与一般的资产阶级革命不同，显现出独到的价值。文化发达的日本，使鲁迅感受最深的是，日本明治维新后的迅速发展，得力于现代科学技术的发展，由此他便设想，要用先进的科学技术来破除中华民族陈旧的思想观念，从传统、保守、封闭中冲出来，才能得以振兴。此时的鲁迅开始致力于译介科普知识。

鲁迅自小对文学的偏爱，使他总能借助文学的笔法，来翻译、写作科学读物，以求实现他科技救国的理想。他介绍科学知识，从翻译科学小说入手。他说："我因为向学科学，所以喜欢科学小说。"

1903年是鲁迅翻译介绍科学小说的丰盛时期，他先是用章回体形式翻译了法国科幻小说家儒勒·凡尔纳的《月界旅行》和《地底旅行》的科学小说。还发表了《说钼》介绍关于镭的发现，写了《中国地质略论》，与人合编了《中国矿产志》，翻译了《物理新铨》《元素周期则》《北极探险记》。1905年，他又译《造人术》，介绍人工制造生命的科学实验。这在当时是最新的科学项目，直到今天也还处在整个自然科学的尖端地位。

这里曾是周家的菜地，平时种菜，秋后晒谷，而到了冬天，这里成了童年鲁迅堆雪人、捕鸟的好地方。

青年爱国者鲁迅，学习、介绍科学，从来都不是脱离社会斗争的需要，他的有关科学的论著，时常燃烧着爱祖国、爱人民的热情，流露出对于中国社会状况的焦虑。出于破除迷信、改良思想的崇高目的，当时的鲁迅，对于颇为风行的科学救国、实业救国的思想是认同的，从中他也确立了唯物主义的世界观。

1904年，鲁迅在弘文学院毕业。抱有坚定理想的他，毅然改学医学。对于这一选择，鲁迅是经过考虑的。他了解到日本明治维新大半发端于西医的事实，同时又想到学了医学可为战争尽力，在平时又可救治像他父亲一样被庸医所误的病人，以求改变国民愚弱、振兴祖国的目的。他曾对同学说："做医生不是为了赚钱，而是为劳苦同胞治病出力，清政府以民脂民膏给我们出国留学，我们应报答劳苦大众。"

仙台医专的学习，使鲁迅"日不得息"。他开始学习解剖学、组织学、生理学和物理学等课程。鲁迅非常勤奋，优异的学习成绩曾引起少数心胸狭隘的日本学生的嫉妒、污辱，这些刺激，使他深切地感到生为弱国人民的痛苦。鲁迅一边发愤读书，一边热心阅读那些呼喊复仇和反抗的文学作品，从中突出地感到进步的文学作品在激发人民的爱国热情和反抗精神上发挥的巨大作用。鲁迅在医专的学习，深得解剖学教师藤野先生的赞赏和帮助。

人生旅途，偶然的事件就可以改变一个人的命运。鲁迅"医学救国"的理想，却被一次"幻灯事件"给击碎了。

这一天，他在老师放的幻灯片中，目睹了一个据说是替俄国军队当侦探的中国人，被日本军队抓住枪决，而围观的也是一群中国人，他们竟无动于衷。就在这时，"万岁"的欢呼声，竟从那些军国主义思想严重的学生口中喊出，直刺鲁迅的心。他怒不可遏，愤然退出，好几天无法平静沉重的心。他明白了一个真理：医学对于中国的社会改革，并不是一件很紧要的事。如果民众不觉悟，即使体格再健壮，也只是能做枪决示众的材料，或当麻木的观众。他认为，头等重要的还是改变人的精神，唤醒麻木的中国人，而善于改变人精神，“最有力莫如心声”，应首推文艺。于是他决定弃医从文。

1906年3月，鲁迅告别了敬爱的藤野先生，离开仙台，奔往东京，去开拓救国图强的新征途。也就是从这时起，鲁迅选择了改造“国民性”这项文化伟业。

仙台东北大学内的鲁迅雕像

独异的尝试

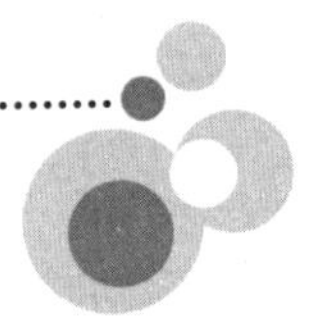

鲁迅是在找寻思想启蒙的工具时走上文艺道路的。

从南京到东京，鲁迅已经开始了跨越性的文化积累。科学文化的广泛涉猎，不仅开拓了他的视野，也使他在中西文化的对比中，找到了审视民族痼疾的参照系。

1906年，鲁迅从仙台回到东京，开始了他进行思想启蒙的拓荒、探索工作。

鲁迅的最初是打算办刊物，提倡一种文学活动。在当时东京的留学生中，学习法政、理化和警察、工业的多，而治文学和美术的极少。就在这寂寥的环境中，幸而找到几个人，共同筹办刊物，取名《新生》，表示“新的生命”的意思。

鲁迅和同仁们怀着热情积极准备着。稿子约好了，封面、插图也都画好、挑选好了。就在《新生》出版日期快到时，最得力的作者走掉了，资金也带走了。《新生》没出世就夭折了。鲁迅受到挫折，但从事启蒙工作的热情丝毫没减。

鲁迅回到东京时，就决定不再正式进入学校。他自修外语，为的是敲开了解西方的文化的大门。他专心跑

绍兴市鲁迅中学校内的鲁迅雕像

书店，搜集书报，孜孜不倦地学习和译介外国文学作品。当时他最看重的是被压迫民族的进步文学，也就是东、北欧一些弱小国家反压迫、争自由的作品；对于暴露沙皇反动统治的俄国民主作家的作品，他也十分注意。介绍这些作品给中国的读者，是为了“传播被虐待者的苦痛的呼声和激发国人对于强权者的憎恶和愤怒”。

为了做好这个工作，得到这些作品，鲁迅付出了很大的努力，常常是废寝忘食，夜以继日，表现出顽强的精神。他用微薄的留学生官费购置了大量的德文书刊，常常是“每从书店归来，钱袋空空”。

1908年，鲁迅在创办于东京的《河南》杂志上，发表了他翻译介绍的第一批成果：《人之历史》《科学史教篇》《摩罗诗力说》《文化偏至论》《破恶声论》等重

鲁迅祖居

青岛鲁迅公园

青岛鲁迅公园——鲁迅公园大门为玻璃瓦顶的石牌坊，前眉刻有鲁迅公园四个金字，是辑鲁迅先生的手迹。

要论文。

这些译介的论文，是鲁迅在系统地研究、广泛地阅览西方的各种文艺思潮后，精心选择出来的。他介绍了达尔文的生物进化学说和其发展的历史，论述了西方科学思潮的演变，说明了科学在改造自然、推动社会进步方面所起的作用。他反复强调科学的重要性，批判了顽固派盲目崇拜过去，妄自尊大，抱残守缺的封建落后思想。

鲁迅从一开始，就把他变革社会、启蒙民众的视点，建立在科学文化精神的基础之上，重视中国社会的实际。在日本留学期间，他同维新派、改良派、资产阶级革命派有很多的接触，他不赞同洋务派、改良派搬用西方的科学技术和政法措施，也不苟同于资产阶级革命宣传的“计划起义”。他吸收进化论的人道主义思想，认为人是万物的灵长，中国的变革，如不从根本上解决人的问题，在中国建立什么样的生活方式都难以使国民走向幸福。因此他提出兴国“首在立人”，“立人”方能“立国”的主张。

怎样才能达到“立人”“立国”的目的？鲁迅主张“尊个性而强精神”“掊物质而张灵明，任个人而排众数”。寄希望于少数反对旧传统、要求解放个性的知识分

鲁迅博物馆陈列厅

子，进行思想启蒙，促进广大群众的觉醒，从封建专制主义的非人统治中解放出来，争取个性的解放。

鲁迅“尊个性”的思想，决不同于西方资产阶级思潮鼓吹的个人主义。它是为医治中国的愚弱，为了思想启蒙的任务而存在的。“立人”学说和“尊个性”思想的提出，在中国现代文化史上，有着重要的意义。它不仅从根本上否定了封建专制制度、文化形态，也为中国的社会变革确立了一个独异创新的坐标：启蒙人的觉悟，解放人的个性，发挥人的创造力，中国才有希望。当然，鲁迅的这一思想也存在着明显的局限，那就是他夸大了个人的力量，抬高了少数先驱者的历史作用，忽略了人民群众变革社会的巨大潜力；一味强调精神的力量，忽视了政治革命和暴力在“催生”新社会中的决定性作用。

进行思想启蒙，鲁迅认为文艺是最好的形式，因为它不仅能反映生活，还能表现人的生命价值。所以，他着力向人们介绍世界上具有反抗精神的一些浪漫主义诗人：拜伦、雪莱、普希金、莱蒙托夫、密兹凯维支、裴多菲等。目的是呼唤中国“精神界之战士”站起来，为同情奴隶的“不幸”和解除这种不幸而效力，由不满于奴隶的“不争”到启发他们奋起抗争。

1909年3月和7月，鲁迅和周作人合译的《域外小说集》先后印出。这些译作，选取的生活内容和中国社会相类似，为的是能引起读者的共鸣。但由于当时历史条件不成熟，又是用文言文翻译，销路不畅，只好中止了出版计划。

鲁迅坚持文艺的拓荒工作，过的是艰苦、辛勤而又寂寞的生活。他的兴趣不在吃穿、游览，而是把有限的学习费用节省下来买书。

初步的探索和尝试，使鲁迅感到思想启蒙还须在实际斗争中进行。

1909年8月，鲁迅为担负起供养家庭的义务，不得不放弃想去德国留学的计划，告别日本，回到中国。开始了他文化革新的实践活动。

鲁迅在“浙江两级师范学堂”讲授初级师范的化学课和优级师范的生理卫生课，同时兼任植物学课的日本教员的课堂翻译。繁重的教学任务，使他不得不暂时把文艺工作停下来。

传统的中国教育，奉“四书”“五经”为神明，崇尚沉思、静观、与世隔绝的苦读。深受西方文化影响的鲁迅，从一开始便试图把这传统的教育，引向积极、进取和开放，强调理论和实践相结合的科学之路。

鲁迅的教学循循善诱，生动活泼，注重实践知识，他编写的讲义简明扼要。对于学生的要求，只要是合理的，他便都是尽力地去满足。鲁迅教学很有开拓性，在

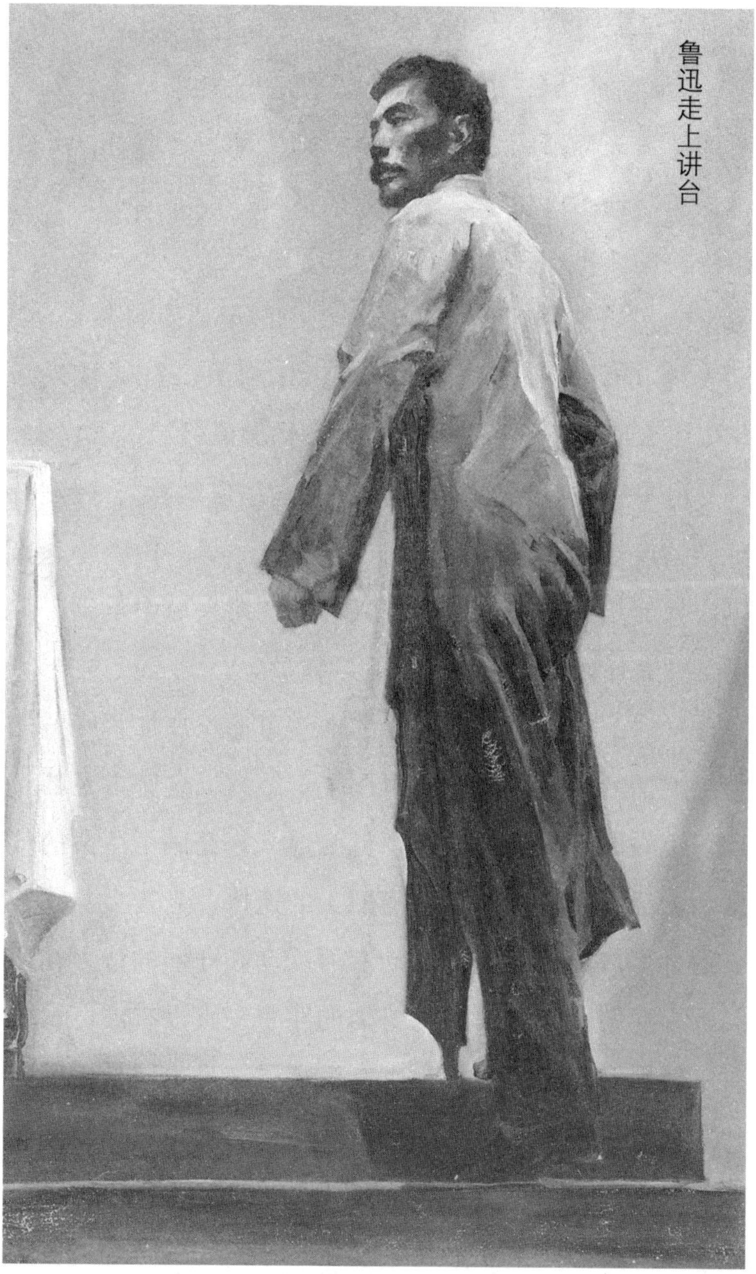

鲁迅走上讲台

当时充满封建气息的清末学堂里，他在教生理卫生课时，就学生们的请求，也讲了生殖系统，这实在是一件骇人听闻、离经叛道的大事情。全校师生都为之惊讶，可鲁迅却坦然地去讲授了。课堂效果良好，许多没听课的学生纷纷索要讲义。他还亲自给学生作化学实验，带学生去采集植物标本。他认为当时在中国要研究自然科学，缺少应有的设备，只有植物可以随时采集。于是他鼓励学生们来研究植物，并把采来的植物做成标本。

由于学校兴起尊孔读孔，提倡“廉耻教育”，受到教师们的反对。鲁迅、许寿裳等人纷纷辞职。1910年，鲁迅应蔡元培的邀请，回到绍兴，任“绍兴府中学堂”学监，并兼任博物学、生理卫生学教员。

这时，孙中山先生领导的辛亥革命正在加紧筹备之中，反清的空气已经遍布全国了。绍兴，这座古老的城市，也在时代风暴的冲击下苏醒过来，充满了革命的气息。大通学堂依然留存秋瑾烈士的遗风，光复会、同盟会的许多成员仍在积极活动。而反动和守旧的势力在绍兴也根深蒂固，新旧两种势力的斗争一直没有停息，大有一触即发之势。人们也都知道鲁迅在日本同徐锡麟和秋瑾是有过一些关系的，因而学生们对鲁迅更加怀有敬意。而当时的绍兴知府对鲁迅也格外注意，每到学堂，总要注视他剪去辫子后留的短发，并且还要特别找他多讲几句话，这不能不引起鲁迅的警惕。但是面临日益高涨的革命形势，反动政府也不敢公开对他加以迫害。

鲁迅积极支持学生反对旧势力的斗争，但不赞成他们单凭热情去招致无谓的损失。他提醒青年学生斗争要讲策略。

在革命尚未爆发，暂时沉寂的时期，鲁迅仍在课余继续他采集植物标本的工作。同时广泛浏览文艺书籍，积极从事古典文学和故乡典籍的辑录、整理工作，为日

后编成的《古小说钩沈》和《会稽郡故书杂集》打下了扎实的基础。他为此耗费了大量的精力，常伏案工作到深夜。

不久，辛亥革命终于爆发了。鲁迅带领学生“武装演讲队”上街示威和宣传，用实际行动迎来了绍兴的光复。然而，“辛亥革命只推翻一个清朝政府，而没有推翻帝国主义和封建主义的压迫和剥削”。“辛亥革命只把一个皇帝赶跑”，革掉了人们头上的一条辫子，这胜利未免太微小，太可怜了。

后来他根据绍兴光复前后的生活感受，用文言文写了第一篇小说《怀旧》。

怀着对辛亥革命的痛切感受与瞩望，1912年，鲁迅来到革命后的临时政府的首都南京。供职南京教育部，后因袁世凯篡夺辛亥革命的胜利果实，政局变化，又任北京教育部部员。

辛亥革命的不彻底，新旧势力的斗争在教育部也很激烈。封建旧势力不允许有任何意义上的创新，大兴“尊孔祀天”活动，这对致力于革新文化教育为主的鲁迅

不能说不是个打击。

在教育部“枯坐终日，极无聊赖”的日子，鲁迅尽可能克服各种阻力来做些工作。他参与美育课的设置，讨论拼音字母方案和中国历史博物馆的筹建，对京师图书馆的改组、迁徙、分馆的建立，付出了大量的劳动。

1913年为了设法驱除自己的无聊和寂寞，鲁迅“用了种种法，来麻醉自己的灵魂，使我沉入国民中，使我回到古代去”（《呐喊》自序）。他的麻醉法，就是抄古碑，读佛经，搜集金石拓本，辑录和校勘古书。他读佛经，“用功很猛，别人赶不上”。这种麻醉法，反映了鲁迅在“见过辛亥革命，见过二次革命，见过袁世凯称帝、张勋复辟”之后，由失望到颓唐的情绪，说明黑暗是怎

绍兴百草园是浙江绍兴新台门周家的一个菜园子，百草园在浙江绍兴的鲁迅故居后面。

样蚕食着一个伟大的灵魂。

但是，鲁迅的信仰终究是在科学，而不是在宗教。他对佛教，主要还是“当作人类思想发达的史料看，借以研究其人生观罢了”。他“沉入国民中”，只希望探明国民精神弱点的动机；他“回到古代去”，也不纯然是逃避现实，而是另有诊察漫长封建社会痼疾的目的，进而更好地反思传统文化。所以不久他就明确宣告：“佛经和孔教一样，都已经死亡，永不会复活了。”（许寿裳《亡友鲁迅印象记》）。鲁迅这类寄托自己孤寂灵魂的活动，深化了他对中国封建国民精神的认识，为他日后拿起笔来对旧中国、对封建文化进行有力的批判做了学识上、思想上的必要准备。

鲁迅故居内的雕塑

绍兴鲁迅纪念馆——鲁迅故居在浙江省绍兴市东昌坊口19号(今鲁迅路2号)周家新台门内。

1917年夏天，鲁迅住在会馆的补树书屋里。他整日都在屋子里抄古碑。一天晚上，他留日时的同学钱玄同来访。他翻看着鲁迅那些古碑抄书，发出质问：

“你抄了这些有什么用?”

“没有什么用。”

“那么，你抄它是什么意思呢?”

“没有什么意思。”

“我想，你可以做点文章……”

鲁迅对做文章，感触很多。在日本留学时，他就写文章，发出要反抗和变革的呼声。可是并没有得到社会的反应。由此，鲁迅向好友提出了自己正在苦苦思考的问题，他把当时的旧中国，比喻成没有窗户而万难破毁的“铁屋子”，“里面有许多熟睡的人们，不久都要死了”。是唤醒他们呢，还是让他们从昏睡入于死灭？“如果惊起较为清醒的几个人，让他们来受无可挽救的临终的苦楚，能对得起他们吗？”

钱玄同说：“几个人既然起来，就不能绝没有毁坏这铁屋子的希望。”

是的，说到希望却是不能抹杀的。希望在于未来，这是鲁迅一贯的信念。他开始觉得唤起那熟睡的人们，就不能说毁坏这封建的“铁屋子”毫无希望。于是他答应了钱玄同的要求，决定重新拿起他的武器——笔，投身于激烈的新文化运动中。

激烈的呐喊

伟大的时代造就伟大的人物。鲁迅经过长达20年的充分积累和准备，终于在“五四”时代崛起了。

鲁迅最先以小说的形式，向封建社会进行了猛烈的攻击。他的第一部小说集取名为《呐喊》，是有其深刻的寓意的。

辛亥革命后，他看到了中国社会进步思想的低潮，感到了旧的势力没有从根本上得到改造。特别是封建主义的复辟潮流，极大地刺伤了鲁迅。希望与失望，在他的心中碰撞着、交织着。

1918年5月，鲁迅在提倡“科学”“民主”的刊物《新青年》上，发表了第一篇白话小说《狂人日记》，把自己积蓄多年的情感和思想，成功地融化在小说的结构中，使小说形成了巨大的震撼力，在展示狂人与社会、与人的矛盾对立中，暴露了封建社会“吃人”的本质，

并借狂人之口，喊出了“救救孩子”的声音，向传统的封建专制制度发出了激烈的呐喊和挑战。鲁迅一面向人们展示“吃人”社会的百丑图，揭示出社会病态的症结所在，一面又将反抗的意志传达给了读者。

鲁迅《呐喊》所面对的对象是复杂的，既有沉重的文化负荷，又有麻木的人们；既有漫长的历史，又有光怪陆离的现实存在。他不仅要和几千年痛苦的灵魂们对话，而且还要同身旁的迟钝的同胞们交谈。鲁迅是含着沉重的凄怆来拷问国人灵魂、挖掘其存在的根源的。

封建礼教吃人，封建文化吃人，封建社会吃人，是鲁迅小说着重揭示的主题。

鲁迅小说中的人物——孔乙己

1918年冬创作的《孔乙己》，通过塑造可悲可笑的孔乙己形象，有力地控诉了腐朽的封建文化、科举制度的吃人罪恶。

1919年“五四”运动爆发的同一个月，鲁迅发表了《药》，小说以革命者夏瑜牺牲、小茶馆主人华老栓夫妇取夏瑜的血医治痨病将死的儿子为两条线索，再现了具有现代意识的先觉者与麻木不仁的民众之间的悲剧冲突，形象地提出思想启蒙的重要。

是什么造成群众的愚昧无知？鲁迅又在几篇小说中给予了思索和揭示。

《明天》写了市镇贫民的单四嫂，在亡夫丧子的悲惨境况中，孤苦无助的凄凉，鞭挞了封建制度的统治这一形成人世间冷漠、隔绝的根源。

《风波》描写1917年张勋复辟期间，一根早被剪掉的辫子在七斤家引起的风波，批判了辛亥革命的不彻底性，揭示了封建专制制度下封闭、保守、落后的生活环境对人的文化心理的制约。

《故乡》则以“我”回故乡的见闻所感，暴露了封建政治制度、文化心态对美好人性的摧残。闰土的童年形象是人性最美的化身：天真、机智、勇敢、活泼、富有生气；而饱经苦难的成人闰土，则变得悲怯、懦弱，这巨大的反差，激起了“我”心中无限的悲哀！现存的经济、文化制度对人不仅是肉体上的摧残，更有精神上的戕害！

鲁迅对农民是“哀其不幸，怒其不争”。这一基本态度，使他一面帮助他们挖掘造成不幸的根源，一面把悲惨的人生景况指给他们看，猛促其觉醒。鲁迅是中国文

学史上第一个从被压迫群众的立场反映农民问题的伟大作家。

1921年，鲁迅创作了不朽的名篇《阿Q正传》。小说真实地描述了当时中国社会的灰色图画：麻木的人们，专制的统治，变幻莫测的政治风云，以及几千年来的封建文化给人带来的变态与畸形的心理。鲁迅在对阿Q精神胜利法的艺术再现中，为我们勾勒了一个愚弱国民的灵魂，并把中国人潜在的心理因素生动揭示出来。阿Q的出现，对于安于现状、丧失自我意识的国民来说，无疑是猛醒的警钟。同时也再提思想启蒙的迫切性。

鲁迅在“五四”前后，用小说形式对封建社会做全面的反思和批判，充分显示了“五四”文学革命的“实绩”。

从扭曲人性正常发展的角度，来批判封建文化专制制度的罪恶，主张社会改革是鲁迅这个时期的杂文着重揭示的思想。

1918年，《新青年》开辟了《随感录》专栏，发表作者们对社会和时事的短评。鲁迅所写的随感录，短小精悍，直击时弊。他首先对封建伦理道德进行了反思和批判。

封建节烈观是束缚妇女的沉重枷锁。鲁迅指出，封建统治阶级宣传节烈思想，不过是把女人当私有物和牺牲品，以维护统治阶级的特权，是“害己害人的昏迷和强暴”，要除去它，争取做人的资格。

封建伦理道德推崇顺伦的长者为尊，长者对幼者有绝对的支配权力，鲁迅从父子关系、关心儿童的角度，揭露了这是对人性的蔑视，并提出了在改良社会的前提下，确立新型的父子关系的设想：“要先从觉醒的人开手，各个解放了自己的孩子。自己背着因袭的重担，肩

藤野先生像——藤野先生是鲁迅的一篇回忆散文中的人物，是鲁迅的解剖学教师。

住了黑暗的闸门，放他们到宽阔光明的地方去。”把具体问题同社会改革紧紧连在一起的观点，是鲁迅高屋建瓴、不同凡响的杰作。

剖析国民的愚昧落后，鲁迅总是从文化深层来挖掘其原因。他的随感录，从人们愚昧无知的习俗现象中，批判了封建统治阶级一贯用封建迷信毒害人民、“连科学也带妖气”的愚民思想，大声疾呼要提倡科学。

鲁迅在“五四”新文化运动中，高举着反封建的战旗，越战越猛。引起了“国粹派”“学衡派”的激烈反对。

“国粹派”是以林琴南（即林纾）为代表的封建遗老，公然反对新思潮、新文学。虽然林纾在中国近代翻译了大量的外国作品，但在新文化运动中则代表了最腐朽的封建势力，他们在“保存国粹”的名义下，维护旧孔教和文言文，反对一切改革和进步，鲁迅予以了坚决的还击。他从中国人的生存角度，提出“要我们保存国粹，也须国粹能保存我们”。表现出鲜明的反封建文化的革命精神。

以留学欧美的大学教授为代表的“学衡派”，摆出“学贯中西”“博古通今”的样子，到处标榜“昌明国粹，融化新知”，鲁迅一针见血地指出，这不过是他们拿点西洋“新知”来点缀封建主义的“国粹”，达到反新文化运

鲁讯纪念馆中鲁迅和藤野先生蜡像

动的目的。

鲁迅短兵击“时弊”的杂文，取名《热风》。

作为新文化运动的中坚，鲁迅那忧愤深广的呐喊，并不是停留于表层上的感伤和喊叫。他对人生痛苦的揭示，也不单单停留于自我失落的过程里，而是把笔锋直接指向中国文化的结构之中。

1925年完成的小说集《彷徨》，展示给人们的也就是这样的领域：

《祝福》从对祥林嫂悲惨命运的控诉中，再现出的是鲁镇社会各阶层营造出的封建的精神秩序，在这种由风俗与习惯所构成的文化氛围中，个人的悲剧，又何尝不是一种文化的悲剧！这是对中国精神文化的反省，从中看出倘若不从根本上改变中国的文化结构、人们的心理结构，祥林嫂们的不幸就摆脱不了。

传统的文化对人的损害是残酷的，孔乙己是受害者，陈士成也是。这些寄生于陈腐文化中的人们，既不能创造一种活生生的人生，也不能真正摆脱潦倒穷困的窘境。鲁迅正是从这个意义上，主张青年应少看中国旧书，他用文学形象告诉人们：是中国旧文化的保守、落后的一面，扼杀了中国人的生命。中国的传统文化从政治到经济，从道德到信仰，从风俗到习惯，无不渗透着封建的毒汁。

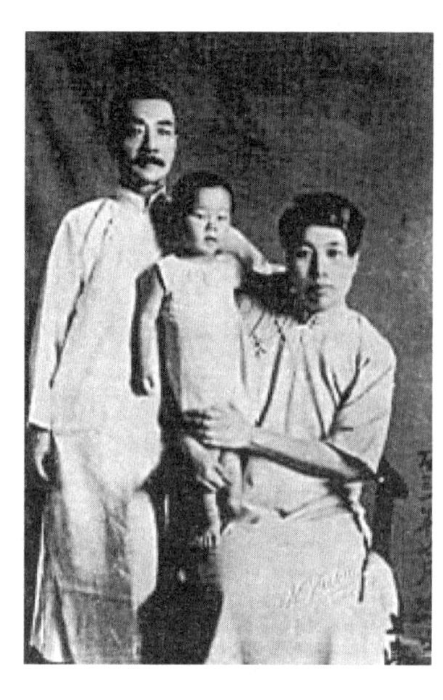

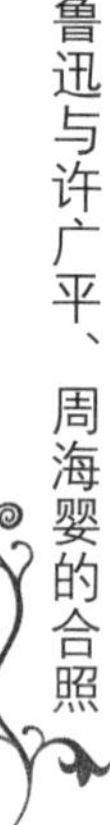
鲁迅与许广平、周海婴的合照

鲁迅改造国民性的思路，是要让觉醒的知识分子来从事启蒙民众的任务。可是《伤逝》《在酒楼上》《孤独者》中的主人公形象，有了觉醒的意识和做人的要求，却在现实压力面前，充满悲凉，充满痛苦，他们的坎坷经历让人们看到的是中国知识者生

鲁迅故居内的雕塑

存的艰难，是人的心理结构与中国社会文化结构的对立。人的愿望、自我的热情，只能存在于内心之中，一旦走向现实社会，则是陷入无法摆脱的心灵困顿，美好的梦想就要毁灭。这是何等的悲哀！

鲁迅的小说，不仅真实地写出了中国外在社会形态的普遍黑暗，而且也写出了人的灵魂的“深”来，再现了纯真的人的声音。他把人的解放同社会启蒙意识生动交织在艺术的空间里。在这些作品、这些人物形象的背后，站着的是一位大彻大悟、敢说敢笑、敢打敢骂的鲁迅。他发出的呐喊，正是时代的强音。

人生的导航

“用无我的爱，牺牲于后起的新人”，这是鲁迅发自于内心的真诚愿望。

“五四”时期，鲁迅以生命的进化来论证社会改革的必要。“尊个性”使他寄希望于少数先驱，以求启蒙民众的个性觉悟；进化论则又使他寄希望于青年，尤其是知识青年。因此，培养和教育青年，是鲁迅毕生所从事的重要工作之一。

鲁迅在致力于文化革新的工作中，坚持时间最长的是教育。留学归国之初，他从教。之后，从1920年起，直至1926年他离开北京，先后在北京的8所学校兼课，时间长达6年之久，其中主要是北京大学、北京高等师范学校、北京女子高等师范学校。在大学里他开始系统研究和讲授中国小说史。治学严谨，眼光敏锐，占有史料丰富，语言风趣，是鲁迅讲课的特点。他讲课的时候并不是照本宣科，而是就讲义上的论点加以发挥补充。学生们听他讲课实在是听先生对社会说话。一次，他对学生说："许多史书对人物的评价是靠不住的。历代王朝，统治时间长的，评论者都是本朝的人，对他们本朝皇帝多半是歌功颂德；统治时间短的，那朝代的皇帝就很容易被贬为'暴君'，因为评论者是另一个朝代的人了。秦始皇在历史上有贡献，但是吃了秦朝年代太短的亏。"学生们感到听他的课，在引人入胜、娓娓动听的语言中蕴蓄着精辟的见解，闪烁着智慧的光芒。

鲁迅跟学生平等相处，从不随便责备人。他有晚睡晚起的习惯，这在日本时就是如此，为的是晚上安静，可以提高效率。有些初见面的青年，不知道他的这个习惯，往往一大清早就去看他。鲁迅全不在意，照例热情接待。他们在鲁迅寓所，谈人生、社会、文学和学习等问题，兴之所至，不知不觉几小时过去了。晚间离去时，鲁迅总是亲自端着煤油灯送他们出门。待到他们的足音在寂静的街上消失了，他才回到屋里，开始工作。在和青年亲密的交谈中忘掉疲劳，得到安慰，于是燃起一支烟，在油灯下继续写着为"正人君子"之流所痛恶的文章。

有一次，一个北大学生来到鲁迅寓所，往床上一坐，脱下鞋来，让鲁迅替他拿去修理。鲁迅立即照办了。鞋修好了，这个学生不仅没有道谢，反而埋怨修得太慢了。后来，有人问及鲁迅这件事，鲁迅说："有这回事，这就是进化论的影响，进化论牵制过我……现在不再给人去补靴子了，不过我还是要多做些事情。"鲁迅和他过去的学生孙伏园外出旅行时常常是先生给学生打铺盖。孙伏园把这类事比做耶稣给门徒洗脚。这表现了鲁迅对后来者的仁厚虔诚的心。

鲁迅与学生相处，既乐于助人，也坚守原则。他发

鲁迅雕像

现学生的缺点，就给以严肃的批评，帮他们改正；看到他们的长处，就虚心学习，绝不以导师自居。1923年1月，北大学生魏建功因不满意俄国盲诗人爱罗先珂对他们演剧的评论，利用爱罗先珂的残疾，在报上公开加以嘲弄、奚落。鲁迅很生气，认为这种做法太不道德，就写文章批评他，并赞扬爱罗先珂的评论是对中国青年真正的爱。魏建功终于认识了错误，深感内疚，后来和鲁迅建立了很好的友谊。又如在北大旁听鲁迅讲课的许钦文，经常得到鲁迅的指点，写出作品来发表。但鲁迅却向他表示，在描写学生生活方面，自己不如他。后来写小说《幸福的家庭》时，还在题目下面标

鲁迅故居

明“拟许钦文”几个字，承认这篇作品模拟许钦文《理想的伴侣》的笔法，借此为他做“广告”——扩大这位初露头角的青年的社会影响。这充分体现鲁迅奖掖后进的良苦用心。

培育青年，鲁迅以殉道者的姿态，爱才若渴，不计辛劳，可得到的也不全是甘甜。

1923年7月，鲁迅家中发生了“兄弟失和”事件。鲁迅和周作人，因家庭经济纠纷，导致彻底决裂。这给鲁迅带来的伤痛，终生难平。

鲁迅与二弟周作人年龄相近，从童年到“五四”时期，走着差不多相同的人生道路。大体一致的思想基础，使情同手足的兄弟，并肩战斗在新文化运动中，长兄为二弟的成长，赋予了无微不至的关怀和爱：学业上帮助他，经济上接济他。

周作人富有才华，却性情怯弱。结婚后，一味地轻信太太羽太信子——这位日本女人歇斯底里的谗言，酿成兄弟不和。鲁迅几经努力，终没能缓和兄弟二人的关系。后来周作人在新文化阵营发生分化后，与鲁迅走上了完全不同的人生之路。可见他们的决裂也是必然的。然而鲁迅却从中深深体会了人世沧桑。

在复杂斗争中，为青年把握航向，鲁迅是竭尽心力。

1923年，鲁迅在北京女子师范大学兼任小说史课。

这期间正是女师大学潮爆发前期。

鲁迅敏锐地抓住妇女争取解放这一社会问题，借用挪威剧作家易卜生的社会问题剧《娜拉出走》的寓意，作了《娜拉走后怎样》的讲演，指出娜拉出走绝不是妇女解放的根本出路，觉醒了的妇女，要取得真正的解放，就要树立远大目标，参加改革社会的实际斗争。接着又在《未有天才之前》的演讲中，告诫青年要接近民众。这无疑为不久发生的学潮运动做了思想上的准备。

1924年2月，曾留日归国的杨荫榆，做了女师大的校长，对学生实行封建专制，引起学生的强烈不满，矛盾十分尖锐。社会上的资产阶级自由文人和封建卫道者，齐声指责学生的反抗是越轨行动。鲁迅立刻意识到这是一场革新与倒退、反压迫与压迫的斗争。他支持学生的行动。1925年1月，杨荫榆开除了因军阀混战、交通阻塞无法归校的3名学生，引起学生公愤，学潮爆发。

鲁迅先是谴责杨荫榆践踏学生要求个性自由，争取民主的恶行，教育学生，中国要得救，必须反对卑怯的性格。极大地鼓舞了学生们的斗志，要求由师生代表维持校务，使矛盾公开化。

之后，鲁迅又针对资产阶级自由人陈源想为反动政

绍兴是一座地方色彩很浓的著名水城。悠悠古纤道上，绿水晶莹，石桥飞架，轻舟穿梭，有大小河流1 900公里，桥梁4 000余座，构成典型的江南水乡景色。东湖洞桥相映，水碧于天；五泄溪泉飞成瀑，五折方下；柯岩石景，鬼斧神工。

府“整顿学风”制造舆论，挑动北洋军阀加紧迫害的目的，表明了自己支持学生，不再“沉默”的决心。

这时，发生了“五卅”惨案，全国人民奋起反抗帝国主义的暴行。女师大学生也积极参加了这一斗争。鲁迅向青年学生提出要“韧性战斗”“以血还血”的斗争原则。

随着反帝斗争的深入，女师大学生把反帝同反封建教育的斗争结合起来，竟遭到杨荫榆的反动镇压。这一行动立即遭到北京大学等23所学校提出的抗议，要求撤销杨荫榆的职务。

北洋军阀决定由教育部下令停办女师大。以鲁迅为代表的“校务维持会”，带领着许广平等学生骨干，与反动势力进行了坚决的斗争。在社会的广泛支持和同情下，女师大另立新址，还举行了开学典礼。

鲁迅拖着病体，一边带领青年学生与北洋军阀抗争，一边撰写文章抨击鼓吹读经的“甲寅派”，提出了用革命的暴烈手段来反抗这旧社会的主张。

女师大学潮终于胜利了！它构成了反帝爱国运动的一个重要组成部分。

鲁迅在这场斗争中，指导了学生运动，也开始接受无产阶级社会革命论的思想影响。

面对学潮的胜利，回顾辛亥革命以来的深刻教训，鲁迅大声疾呼：胜利者不能放松警惕，以免丢掉胜利成果，重演历史悲剧。还发表了著名的《论“费厄泼赖”应该缓行》。

1926年3月18日，因大沽口事件，引发北京学生请愿运动，抗议段祺瑞政府的卖国行为。结果遭到段政府残酷的镇压。鲁迅的学生刘和珍、杨德群惨遭杀害。

鲁迅悲愤难平。他由青年的血，看到了这是一个非人的世界：压抑个性，摧残自由，统治阶级虚假欺骗；由青年前行的身影，看到了“真的猛士”：不畏强暴和黑暗，为争取光明而战；也由青年的血，看到了改革旧世界，需有“血”和“污”的长期作战，而

请愿的方式他是不赞成的，于是他写了《记念刘和珍君》。

鲁迅带领着女师大这支年轻的文化新军，在同反动北洋军阀、封建教育制度的斗争和对抗中，争取的是人性的自由、和平的世界。而现实的残酷，在让鲁迅期望青年不做黑暗的附属物，要为光明而斗争时，留给自己的则又是难以排遣的寂寞和彷徨。

鲁迅有着宽广无私的爱心，也应有人间最美的情感——爱情。可这对鲁迅说来，又是一件多么不容易的事啊！早在1906年春夏之间，鲁迅弃医从文，刚刚来到文艺的入口处时，母亲就为他包办了一门亲事。

出于对孀居慈母孤苦无依的同情，也由于封建传统势力的无形羁绊，又想到自己以身许国，生命也许不会长久，鲁迅无奈地屈从母命，同一个素不相识、名叫朱安的女子结了婚。婚后第四天，鲁迅就带着二弟周作人结伴返回东京。

对于这桩无爱的婚姻，鲁迅后来对他的挚友许寿裳说："这是母亲给我的一件礼物，我只能好好供养她，爱情是我所不知道的。"鲁迅尊重朱安的人格，也十分同情她的不幸。但是他和这位没有读过书、出身封建家庭的有钱小姐，却有着无法沟通的距离，只能带着无法弥补的心灵创痛，为偿还4 000年的历史旧债，"陪着做一世牺牲”，维持着形式上的夫妻关系。这虽能减免女方被离弃的痛苦，也在形式上安慰了母亲，但换来的却是自己精神上的孤寂和哀愁，感情上的自我抑制。这种宁可牺牲自己，也不愿伤害别人的精神，足以显示鲁迅人格的一斑。从这一点讲，鲁迅和朱安都是封建婚姻制度的牺

鲁迅与许广平

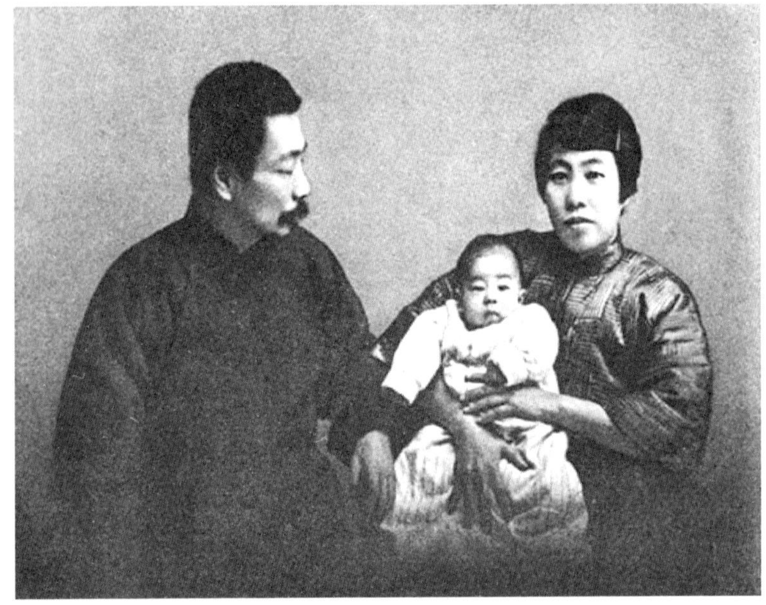

牲品。

正因为有着这样的生活经历和感受，使鲁迅愈加深刻地体会到封建制度的罪恶及其对人性的摧残，更加坚定了他反封建的决心。

真正属于鲁迅的爱情，苏醒于洒有淋漓鲜血的爱国主义运动中。1923年，鲁迅在北京女子师范大学教书时，积极支持学生反专制、争自由的斗争。作为女师大学生的许广平，经常聆听鲁迅的教诲，并在先生的引导下，更积极地投身于社会思想斗争中，成为学生运动的领袖人物之一。和许广平的交往，给鲁迅带来了感情上的慰藉，精神上的平衡，使他那强制抑制而沉睡了的爱情苏醒了。他们在女师大相遇，在反封建的学潮中相知，在相互支持的战斗中培养着师生之谊、男女之情。共同的命运和斗争的经历、目标，使他们一个带着爱情的来潮，一个带着被沉寂多年、终于苏醒的爱情，开始了他们“携手共难危”的生活。在他们仅有的10年夫妻生活中，许广平不仅成为鲁迅的忠实战友、同志、伴侣、朋友，而且还成了鲁迅从事文化工作的得力助手，使鲁迅后10年的著作多于从前的20倍，创造了鲁迅一生中最辉煌的后10年。

鲁迅博物馆

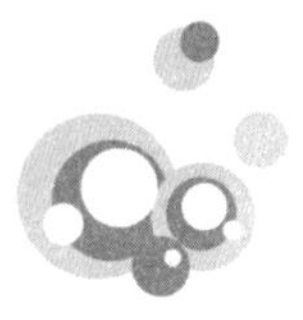

心灵的求索

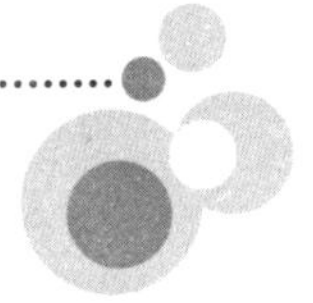

大凡时代的巨人，都要经受超乎常人许多倍的心灵磨难和痛苦。

1924年，风起云涌的“五四”运动退潮了。革命重心开始南移。北京的新文苑一片寂寞。

望着昔日与自己戮力奋战的同人开始分化，有的高升，有的隐退，有的前进，留下来的鲁迅，真感到自己仿佛是走在“没有花”的“沙漠”中，“成了游勇，布不成阵”了。无边的孤独袭上了鲁迅的心头。

回顾自己这些年来从事改造国民性的启蒙工作，并没有得到多少人的呼应；设计出的以个性解放求得社会变革的方案，在现实中却到处碰壁；一直信奉进化论，认为青年都是好的，可实际中青年人也分好坏，不全都是“新”的……这一切，让鲁迅感到，在沉睡这么多年的中国，自己并不是振臂一呼就能改变落后中国面貌的

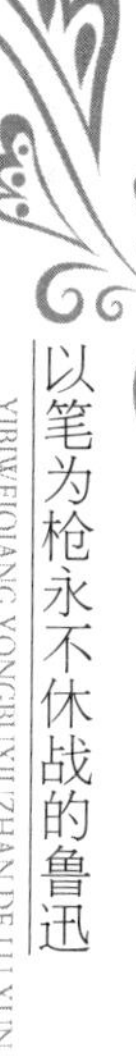

“英雄”，从而，对自己的思想产生了怀疑。

“梦醒了却无路可走”，这对鲁迅说来，是多大的悲哀！他在一首《题〈彷徨〉》诗里写：“寂寞新文苑，平安旧战场。两间余一卒，荷戟独彷徨。”

其实，“彷徨”是自我写实，也是自谦。苦闷中彷徨，绝望中抗争才是真实的鲁迅。

1925年写作的散文诗集《野草》，就是鲁迅心灵裂变历程的伟大记录，是他内心矛盾冲突的真实反映。集中的《过客》《这样的战士》等篇，以浓厚的诗人气质，塑造了一位心怀孤独、身感劳顿却执着前进的战士形象。

《野草》的艺术风格是独树一帜的，它以新鲜纷呈的艺术表现手法，开了中国现代文学散文诗的先河。

鲁迅在急切地寻找着新的战友，探寻着变革中国社

鲁迅纪念馆

会的真正出路。

1926年，鲁迅南下，途经上海，来到厦门。

这时大革命的风暴正在南方蓬勃兴起。北伐军一路接连攻克长沙、汉口，包围武昌。另一路从广东汕头出发，进军福建、江西；闽南厦门一带，受到很大震动。这一切，使刚到此地的鲁迅感到极为兴奋。当看到厦门的居民，自动地挂旗结彩庆贺北伐胜利时，给他以新鲜美好的感觉。

鲁迅决定在厦门大学教书。

在这里，鲁迅担任“中国文学史”和“中国小说史”两门课程的教师，还兼任国学院的研究教授。学生听他的课，“就像小学生听老师讲有趣的故事那样，唯恐时间过得太快”。鲁迅这些课程的讲义，最后整理为《汉文学史纲要》。

学生视鲁迅不仅为先生，更是引路人。他们怀着强烈的愿望，向鲁迅提出各种问题。

有一次，一群青年学生同鲁迅谈起当地的文艺现状，感到很不满意，他们要求鲁迅指导，办个刊物。鲁迅满口答应：“好的好的，我一定帮助你们！”

“不过，我们的作品多半是幼稚的，会使先生失望的。”一位青年学生说。

鲁迅站起来，热情地说：“你们不要怕幼稚，成熟是

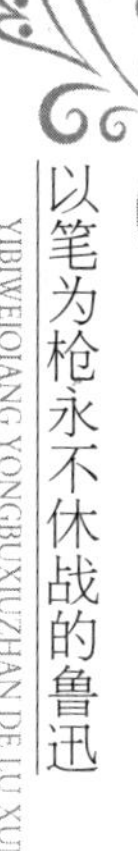

从幼稚变来的；初学的人，也只能如此。”

鲁迅的支持像一阵温暖的春风，把厦大学生的文艺花蕾吹开了。

厦门，并不是世外桃源。北京的沉闷、思想文化界的污浊，在这里也同样存在。厦门大学也是环境气氛恶浊。鲁迅形容厦大，是“硬将一排洋房，摆在荒岛的海边上”。

厦大校园到处提倡尊孔复古，每周四上午要开纪念周会，讲的不外是《论孔教的真义》《孔子何以是圣人而不是神人》的演讲，学生们很反感。

厦门大学鲁迅纪念馆是目前国内唯一设在高校的鲁迅纪念馆。这个纪念馆的独特之处，在于他是存在于学生当中的纪念馆。

一次，鲁迅应邀在大礼堂作讲演。他在雷鸣般的掌声中登台，开始了富有鼓动力的讲题：《少读中国书，做好事之徒》。针对复古读经的时弊，劝青年学生“不必多读中国之书”。

鲁迅对青年总是爱护备至，但也有被利用和无端攻击的时候。高长虹，是个有才华的青年，曾得到鲁迅的培养和生活上的接济。此刻却要反叛权威，无端地攻击、污蔑他，这深深地伤害了鲁迅。

在秋冬之交的无数个夜晚，鲁迅伫立在窗前，望着屋前鼓浪屿上的日光岩，听着屋后南普陀寺院里做牵丝傀儡戏传来的阵阵鼓声，心潮难平。他回顾自己这些年的经历，结合身边发生的事，开始意识到，他一向信奉

鲁迅故居中的鲁迅先生的卧室兼书房，在这里他写出了第一篇小说《怀旧》。

的进化论，是有“偏颇”的，“将来必胜于过去，青年必胜于老人”，符合事物发展的总趋势，但在现实斗争中，青年也不能一概而论之，青年中也存在着鲜明的政治分野。鲁迅说：“我离开厦门的时候，思想有些改变。”

为了给自己的思想历程作一次总结，他怀着“一面是埋葬，一面也是留恋”的心情，把1907年至1925年间的杂文，题名为《坟》，并写下了光芒四射的名言：

> 我的确时时解剖别人，然而更多的是更无情面地解剖我自己。

鲁迅是青年人崇仰的导师。他害怕自己所受的旧文化、旧思想影响留下的“毒气”“鬼气”沾染到下一代，所以他总是自己正视着因袭下来的“毒气”“鬼气”，在不断地反省总结中，把光明指给青年。

鲁迅根据自己的思考，在《坟》中，明确肯定了一个崭新的思想：

> 然而世界却正由愚人造成，聪明人决不能支持世界，尤其是中国的聪明人。

从此他告别了唯心史观，踏上了唯物史观的门槛。虽然启发群众的觉悟，始终是鲁迅努力从事的工作，但在思想认识上，经过这一两年的实践，已使他感到，第

一位的工作还是人民群众的革命实践，而不仅仅是少数先驱者的启蒙主义。

逐渐走出苦闷，摆脱“彷徨”的鲁迅，对劳动人民倾注了由衷的热爱。他在演讲中，不断阐明“愚人”支持世界的观点。同时，他也在追怀往事的叙述中，开始挖掘劳动人民身上所具有的人性最美好的东西：善良、勤劳、质朴；赞美并向往不受封建礼教束缚的，存活于底层人民中的人性世界。散文集《朝花夕拾》，就真实记录了鲁迅这一情感。当然，在他的散文中，也流淌着对封建礼教的恨。

为了更多更清楚地了解革命的形势，1927年春天，鲁迅来到“革命策源地”广州。

当时广州已成了革命的后方，中山大学被称为革命的“摇篮”。广东区委为了加强文化思想战线上的力量，积极联系并安排鲁迅到中山大学，还派中共党员毕磊多陪鲁迅。

鲁迅是抱着希望而来，他对青年寄托着希望。毕磊等进步学生经常来访，给鲁迅带来一些党的刊物，同他交谈对广州政治形势的看法；右派学生也来，但鲁迅渐渐觉得他们不好，就冷淡他们。与不同学生的交往和看革命书刊，使鲁迅迅速地了解了广州复杂的斗争形势。

1927年2月18日，鲁迅由许广平陪同，到香港青年会，做了演讲:《无声的中国》《老调子已经唱完》，由许广平译成粤语。演讲针对当时的中国，尤其是香港的现实，有感而发。其内容主要是坚决反对传播封建思想的文言文，反对再唱封建文化的老调子。而且还揭露帝国主义鼓吹中国的“国粹”，就是“利用了我们的腐败文

70年代初，冰心（左一）与鲁迅夫人许广平（中）等合影。

化，来治理我们这腐败民族”。

当时的香港文坛冷落无声，被称为“沙漠之区”。鲁迅认为这估计太颓唐了，他说：“沙漠也是可以变的！”他要求青年要“大胆地说话，勇敢地进行”，努力把中国“变成一个有声的中国”。

鲁迅在中大琐碎而繁杂的教务工作之余，极为关心青年。他要求“青年们要读书不忘革命”，“以从读书得来的东西为武器”，向一切旧制度、旧习惯、旧思想开火。

4月8日，鲁迅在共产党员应修人的陪同下，来到黄埔军官学校演讲。此时广州已是“山雨欲来风满楼”的形势。鲁迅用《革命时代的文学》为讲题，结合革命的经验教训，认为：对革命事业来说，暴力比文学更重要。

北伐战争的节节胜利，使支持革命的人们欢欣鼓舞。可鲁迅面对社会和学校的种种劣迹，却感到危机四伏，难于开怀。他担心人们放松警惕，丧失革命的成果，便作了《庆祝沪宁克复的那一边》一文，向人们发出了要“永远进击”的忠告。这是鲁迅总结几十年斗争血的教训，不断吸收马克思主义关于无产阶级革命学说的思想结晶。

4月12日，蒋介石叛变革命。4月15日，广州反动军警发动突然袭击。中大学生数人被捕入狱。鲁迅因想尽办法营救学生无效，愤然辞去中山大学一切职务。

血的教训如此沉重，完全冲毁了鲁迅20年来所信奉的进化论和“尊个性”的思想，也表明了鲁迅将用新的思想武装自己。

杂文《而已集》记下了鲁迅在广州的光辉战斗业绩和思想转变的历程。

1927年9月27日，走出彷徨，永无休止战斗的鲁迅，和许广平离开广州，开始了新的求索。

思想的补益

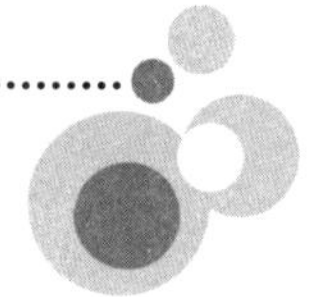

越是学识渊博、文化修养深厚的人，越是善于不断地融通人类最先进的科学。

亲历了血腥的“四一五”事变，鲁迅信奉的进化论思路因此轰毁，开始被日益增长的阶级论、唯物史观所取代，他把视野投向了马克思主义学说。

马克思主义是一种科学的世界观，是一门先进的社会科学。它不否定个性解放，但它强调在阶级社会里，只有消灭了阶级，消灭了剥削和压迫，消灭了种种不平等，人的个性才能真正得到解放。它强调人的解放是同社会的解放紧紧连在一起的。这正是鲁迅当时思考的问题。因此，鲁迅对马克思主义学说的系统研究和探索，也是对人类现代文明成果的吸收。

1927 年 10 月，从广州抵达上海的鲁迅，辞绝了政、教界的邀请，专注于自己从事的文艺运动和著译工作。

办刊物，是鲁迅这时期主要致力的工作。

1928年6月，鲁迅同另一位著名的作家郁达夫合编《奔流》月刊，发表“关于文艺的著作，翻译以及介绍”。鲁迅在上面连续译载了苏俄的《文艺政策》，这是鲁迅有计划地介绍无产阶级革命文艺理论的开始。

1928年11月，鲁迅又与文艺青年柔石等人，组织了一个新的文艺团体“朝花社”，“目的是介绍东欧和北欧

鲁迅像

的文学，输入外国的版画”。

在鲁迅办刊物、组织文艺社团以外，1928年，还就无产阶级革命文学等一些问题，与创造社、太阳社之间，开展了一场激烈的论争。

“创造社”成立于五四新文化运动中，早期提倡“为艺术而艺术”的文学主张。因为它的成员中留日的较多，多受日本无产阶级文学的影响，归国后就主张提倡无产阶级文学。成立于1928年的太阳社，赞同创造社的主张，在政治方向上二社是一致的。

鲁迅自新文化运动退潮后，一直都在寻求战友，他到广州就计划要与创造社联合。创造社方面本来也有联合鲁迅共同战斗的意思。但由于创造社、太阳社不了解中国革命的实际，不真正了解鲁迅的思想，竟在提倡无产阶级文学之初，就把批判的矛头对准了鲁迅，说在提倡无产阶级文学的时代，鲁迅是“封建余孽”，对鲁迅进行了不恰当的批评。

鲁迅抓住“革命人做出东西来，才是革命文学”这一根本，集中批评他们宗派主义和脱离实际斗争的“左”倾空谈。

这次论争，从政治上说，双方都要求革命，拥护无产阶级；从文学上说，或提倡革命文学，或拥护革命文学本身，而对提倡者的某些错误，提出严正批评，为的是革命文学的健康发展。经过论争，互相纠正，趋向团结。

这样一场来自革命营垒的大规模的围攻，对鲁迅触动很大。他开始更自觉地看重钻研哲学和文艺理论方面的著作。他感到论争中可供参考的理论太少了。因此，他就开始购置并译介马列主义的文艺论著。1928年起，鲁迅购买中外文的马克思主义书籍很多，仅1928年，就购入60多册。后来鲁迅说："我有一件事要感谢创造社的，是他们'挤'我看了几种科学的文艺论……以救正我——还因我而及于别人——的只信进化论的偏颇。"

鲁迅在仙台留学时的住所

鲁迅不仅自己努力学习马列主义科学理论，还认真译介科学的文艺理论。他把这一工作比做希腊神话中的普罗米修斯窃火给人间。也由于这项工作的牵线，使他与共产党员冯雪峰相识、相见、交谈，冯雪峰逐渐成为鲁迅与党之间的一个联系人。

冯雪峰一家和鲁迅一家

亲身经历的革命实践，使鲁迅认识到马列主义是真理，他如饥似渴地购买书籍，如饥似渴地学习。为了给造反的“奴隶”私运“军火”，他非常希望“有切实的人，肯译几部世界上已有定论的关于唯物史观的书”。

1929年，鲁迅担负起传播的艰巨任务。当时马克思主义的文艺论著不多，散见的片断言论也没有收集，所以普列汉诺夫、卢那卡尔斯基乃至托洛斯基的文艺论著，便被那时公认为是马列主义的书。

1929年6月，鲁迅同冯雪峰共同编辑的《科学的艺术论丛书》开始出版。鲁迅翻译的一些论著在上面发表。

鲁迅是以严谨的科学态度从事翻译工作的。他主张翻译要直译，尽力保持原文的风貌。他感到中国文学的多义性，使人们阅读时概念不明晰，逻辑性不强。因此，要改变中国人这一思维特点，除思想革命外，还要进行语言文字改革。可见，鲁迅就是在翻译中，也不忘校正中国人传统的阅读心理。

鲁迅对马克思主义文艺理论的研究译介，是在比较、鉴别中进行的，是以历史唯物主义的态度，批判中汲取，

因此，使他在理论上、思想上打下了马克思主义的坚实基础。

窃得“天火”之后的鲁迅，总是设法让它充分“燃烧”。1928年10月当日本的《马克思读本》传到中国时，鲁迅就指导许广平学习，他用5个月的时间，把日文转译为汉语，讲给许广平。鲁迅相信这个真理，不但用它来“煮自己的肉”，还以之教育周围的人，使真理之火从自己身边燃起。

马克思主义理论的补益，使鲁迅学会了辩证法，掌握了历史唯物主义原理，在实践中，也使他的见解具有了马克思主义的真知灼见。鲁迅对马克思主义理论的译介，遭到了具有资产阶级意识的梁实秋等人的反对和攻击。

1929—1930年间，以梁实秋、胡适为代表的“新月派”，针对无产阶级文学的蓬勃兴起，公然宣扬资产阶级“人性论”，说马克思主义文艺理论是“把阶级的束缚加在文学上面”等资产阶级自由主义的政治思想。

鲁迅运用马克思主义的思想方法，从文艺反映生活方面，也从作者的阶级性方面，完整地、精辟地阐明了，在阶级社会里，人是有阶级性的，文学也是有阶级性的。“新月派”宣扬“好政府主义”，不过是为掩盖国民党反动派的种种罪恶而已，其实质是攻击无产阶级文艺运动。

马克思主义思想的补益，为鲁迅提供了从事文化事业的新武器，也为他纠正“只信进化论的偏颇”，找到了理论上的依据。这种善于在实际斗争中，不断求新，不断扬弃，不断自我解剖的精神，正是鲁迅光辉人格的再现。

挚爱的奉献

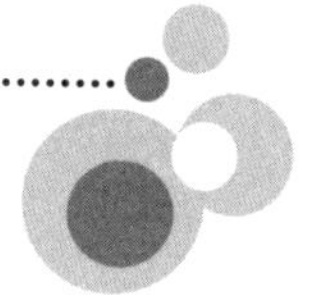

“对方生与垂死之力量，爱憎分明”，使鲁迅那颗伟大的爱心，包容了人间最美的真情。

1930年2月，鲁迅参加了中国共产党所领导的“左联”文艺运动。从此，他把自己的文化活动自觉地置于党的领导下，在社会革命中发挥出重要的作用。

鲁迅爱青年。30年代成长起来的文学青年，都直接或间接地接受过鲁迅的培养和恩泽。

柔石同鲁迅是师生，也是战友。柔石，浙江宁海人。1925年鲁迅执教北大时，他是旁听生，认识了鲁迅。1928年，当他在家乡参加暴动失败，逃往上海无处栖身时，找到鲁迅。

鲁迅在和柔石的频繁交往中，感到他为人忠厚、善良、满怀理想、吃苦耐劳，非常信赖他。他们的友谊在工作中不断加深。1928年冬“朝花社”成立，次年1月

柔石接编《语丝》。为了扶植一点刚健、质朴的文艺，鲁迅同他一起介绍东欧和北欧的文学，输入外国的版画，柔石料理着一切杂务。鲁迅尽力在各方面，尤其是经济上帮助他。

鲁迅关心柔石的创作。对他的长篇小说《二月》，不但有详细的口头批评，还具体地指出优缺点，为它写序。鉴于柔石创作很有人道主义的气息，而对阶级斗争的残酷性、复杂性缺乏深刻的认识，鲁迅经常在这方面提醒

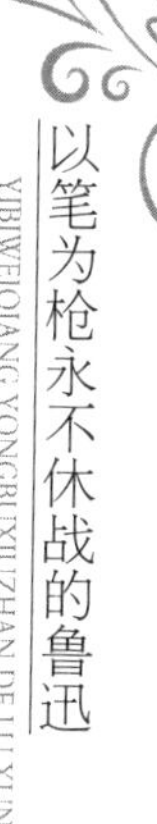

他，并用现实斗争的实际帮助他。

“左联”成立后，由鲁迅主编、柔石编辑的《萌芽月刊》，成为“左联”的机关刊物，柔石作为执行委员、常务委员、编辑部主任，很快加入了中国共产党。共同的事业把他们紧紧联系在一起。后来柔石、殷夫等“左联”五烈士牺牲，鲁迅饱蕴真情地写了悼文《为了忘却的记念》。

1929年，一位陌生的青年，给鲁迅寄来了裴多菲的童话长诗《勇敢的约翰》译稿。鲁迅认为：作者是大诗人，“译文极好，可以诵读”，便为之多方奔走，联系出

鲁迅纪念馆正对面草坪上的裴多菲雕像

版。从本年11月收到稿子，到最后印刷成书，共历时两年。书印成后，鲁迅考虑到这个青年的经济困难，还主动代书店预先垫付初版的全部版税。

晚年的鲁迅，更是对青年尽心栽培。

1935年，鲁迅在百忙中，却腾出许多时间和精力，来热情关心和支持“奴隶丛书”出版，推出了文艺新人叶紫、萧军、萧红。这3个青年辛酸、辗转的生活经历，“抵得太平天下的顺民的一世纪的经历”。叶紫亲身经历了1927年的大革命的风暴，萧军、萧红则饱受日寇铁蹄践踏之苦，从东北流亡到关内。鲁迅支持他们用血泪写成的书，去唤醒一切身为奴隶的人们，并在生活上关心他们。

鲁迅博物馆陈列厅

鲁迅夫妇

“奴隶丛书”推出的这3本书：叶紫的《丰收》、萧军的《八月的租界》、萧红的《生死场》，都是鲁迅亲自过目，提出修改意见，分别为3本书写了序文之后，再由鲁迅以实无其名的书店名义，推荐给有关刊物和书店的。

有一天，萧红问鲁迅：“你对青年的感情，是父性的呢？还是母性的？”鲁迅像往常一样，沉吟了一下就回答：“我想，我对青年的态度，是‘母性’的吧！”

是的，只有把民族和人民的利益视为己任的人，才能有如此高尚的人格和如此伟大的胸怀。

鲁迅对青年是慈母，对革命同志则是真诚的知己。

鲁迅与瞿秋白的亲密关系和战斗情谊，就是一曲动人的乐章。

瞿秋白，中国共产党早期的领导人，卓越的活动家、宣传家和文学家。鲁迅十分敬重他。在没见面之前，他获悉瞿秋白正在从事文艺译著和愿意参加并领导“左联”的活动时，就说：“我们抓住他！要他从原文多翻译这类作品！以他的俄文和中文，确是最适宜的了。”

为了让读者更好地理解《铁流》，他特约瞿秋白翻译

《铁流》原译者没有译出的序文部分。这是两人文字交往的开始。

后来当鲁迅译的《毁灭》出版时，送给瞿秋白一本，两人开始通了信。

1932年、1933年，瞿秋白曾两次避难于鲁迅家中。虽然鲁迅自己身处险境，但还是坦然地接待和保护了他。这时，两人常常彻夜长谈，共商文艺工作和社会斗争的策略。瞿秋白经济上有困难，鲁迅要勉力接济他，他又不肯随便接受。鲁迅就想办法让他出版一些书，以便获得稿费。为确保瞿秋白夫妇的安全，鲁迅几费心思，帮他们找个合适的住处，然后自己又搬家，以使离瞿秋白家更近，过从更密，友谊益增。鲁迅新搬的居所，就是他在沪的最后寓所。

在相互了解的基础上，瞿秋白为鲁迅编了一本《鲁迅杂感选集》，还写了一篇很长的序言，对鲁迅进行了有创见的和相当正确的评价。

鲁迅曾书写清人何瓦琴的集禊联句：

人生得一知己足矣

斯世当以同怀视之

16字赠瞿秋白，充分表达了他们心心相印的战斗友情。

在黎明前最黑暗的时候，鲁迅不仅帮助中国革命培养了大批的新战士，而且还为不少著名的共产党人做了很多好事。

瞿秋白被捕及牺牲以后，鲁迅在很长一个时期内悲痛不已。他扶病编辑亡友的译文，从编辑、校对，到题签、设计封面等工作都由鲁迅经办，考虑到直接表现作者政治思想的作品需要征得党的同意，他便决定只印一译述文字的集子，这就是托内山书店寄到日本印成的两册精美的《海上述林》。

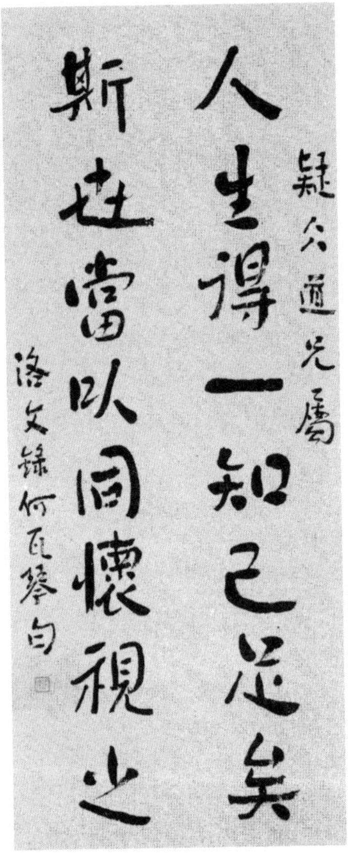

鲁迅《赠瞿秋白先生联》

这本书寄托了鲁迅对亡友深深的悼念之情，由于当局的压迫，书的上册出版时，署名“诸夏怀霜社校印”，“诸夏”即全国，“怀霜”是秋白原名，意即全国人民怀念秋白同志。为了向敌人示威，鲁迅和其好友在极端困难的环境下，像捏一团火一样赶印烈士的著作，鲁迅的功绩永远值得珍念。

鲁迅是怀着对党的信

鲁迅与瞿秋白(徐悲鸿画)

赖，对革命人的敬仰献出自己的一片爱心。

方志敏生前与鲁迅没有交往。这位红军高级将领，不幸被捕后，在狱中利用各种条件，克服重重困难，为党写了许多文稿和密信。这些密信都是在深夜里用米汤写成的。为了能把这些文件安全地送给党，方志敏苦苦思索，终于想到了鲁迅、宋庆龄。

几经周折，终于把信送到内山书店。

鲁迅收到信，打开一看是几张白纸。待用碘酒擦后，显出了字。鲁迅仔细地看下去，心紧缩起来，双眼也模糊了！这是一封怎样的信啊！又一位著名的共产党员，抱着为革命牺牲的决心，在千里之外，垂危之际，把最神圣、比生命还重要的密件相托于自己，一个他所不相识的人，这是何等的信任和重托，又是多么珍贵的情谊！

鲁迅从内山书店收到了方志敏托人送来的纸包，原来是《可爱的中国》《清贫》两篇文稿。在那白色恐怖十分严峻的日子里，鲁迅烧毁了不少文学材料，却冒着生命的危险保存了这些革命文物。

1936年的一个深夜，鲁迅大病稍愈，才能坐起。他听细雨淅沥，想到远方来信——为白莽遗诗约写序文，倍感凄凉、惆怅，便力疾奋笔，写了《白莽作〈孩儿塔〉序》一文：

这《孩儿塔》的出世并非要和现在一般的

> 诗人争一日之长，是有别一种意义在。这是东方的微光，是林中的响箭，是冬末的萌芽，是进军的第一步，是对于前驱者的爱的大纛，也是对于摧残者的憎的丰碑。一切所谓圆熟简练，静穆幽远之作，都无须来作比方，因为这诗属于别一世界。

殷夫（白莽）的诗是“属于别一世界”——无产阶级的，是不朽的；鲁迅献给党的忠诚、同志的爱，更是应该永恒的！

鲁迅电影城

文明的呼唤

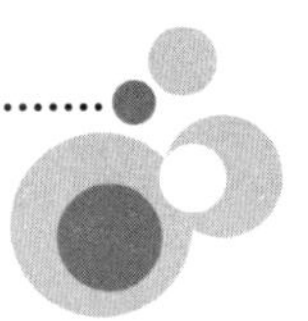

真诚的信仰和选择，使鲁迅在迎战社会现实的普遍黑暗中，更加关注着人们的生存状况、现实生活，执着而又坚定地呼唤着人类真正的文明。

1927年，鲁迅在学习、吸纳了马克思主义理论的科学思想后，完成了思想的转变，全力投入了文化批判和社会政治批判中。

随着中国革命形势的好转，革命根据地的不断壮大，国民党反动派为配合大规模的军事“围剿”，在国统区也进行了文化“围剿”：捣毁进步的文化机构，捕杀进步奋飞的文化人士。

面对这种黑暗的现实，鲁迅最先投身于争取自由的政治斗争中。1930年，他作为发起人之一，参加了党所领导的“中国自由运动大同盟”和“中国左翼作家联盟”（简称“左联”）。从此，鲁迅的文化革命活动，就同中国共产党领导的民族解放运动紧紧地联系在一起。

自由大同盟不断开展，组织反压迫、争自由的斗争，鲁迅也参加了，而“将残剩的自由失去”，甚至被国民党浙江省党部通缉为“堕落文人鲁迅”，从此他被斥逐于自己的家乡。敌人不断地盯梢、信检，鲁迅便过着半地下式的生活。

然而鲁迅并没有停息，他用笔诅咒黑暗。向往光明。

左联被捕的五位作家

创造社成员（左起：王独清、郭沫若、郁达夫、成仿吾）

1931年，当柔石等“左联”五烈士被捕遇害的消息传来，鲁迅悲愤交加。他不顾敌人正在四处捕追的危险，躲在内山完造为他找到的花园庄旅馆里，在极度的悲哀中，思考着流血这件事。之后，他接连写几篇文章，控诉反动派杀害革命作家的罪行。

为了让全世界人民知道国民党反动派的残暴罪行，他写了《黑暗中国的文艺界的现状》把它交给国际友人史沫特莱，让她设法发往国外，史沫特莱担心文章发表后，会危及鲁迅的安全，便请鲁迅再慎重考虑一下。鲁迅毅然回答说：“这有什么关系，中国总得有人出来说话的。”

之后，鲁迅同茅盾等人又起草了一份宣言。宣言和鲁迅的文章的思想，在国外引起了强烈的反响。好几个国家的许多作家回电，一致抗议国民党的法西斯暴行。

鉴于文化革命愈深入，反革命文化“围剿”愈残酷，斗争愈复杂的情况，鲁迅发表了《上海文艺之一瞥》的重要演讲，对左翼文艺运动提出了战略性的任务。其中不仅总结了革命文学的斗争经验，还特别强调了革命文学家，必须“和革命共同着生命，或深切地感受着革命的脉搏”，要求“作家的无产阶级化”，还提出要了解革命的实际等。这些内容，对进一步发展左翼文艺运动，创作无产阶级革命文艺，具有重大的指导意义。

鲁迅还从自己的生活感受出发，告诫人们不要轻信资产阶级的文艺理论和批评。青年在“内忧外患交迫”的时代，“第一步要努力争取言论的自由”。

“九一八”事变后，针对国民党政府对日本帝国主义“绝对不抵抗”政策，及授意御用文人，侈谈“救国”及“民族主义文学”的反动叫嚣，鲁迅一针见血地揭露这类

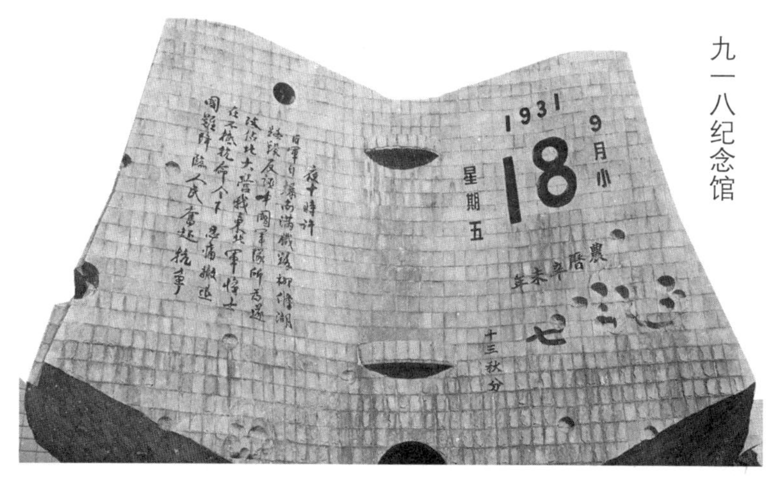

九一八纪念馆

"宣传"是"做戏"，是"瞒"和"骗"。他在著名的《"友邦惊诧"论》文中，用大量的事实，痛斥"友邦"的实质，是出卖中国，是要在对人民进行"瞒"和"骗"的宣传中，仍使人民沦为奴隶。揭露了国民党反动派同帝国主义的倒行逆施。

风雨如磐，黑云压头。鲁迅用他如椽的大笔，为民族和人民呼唤着文明和自由，又不停地剥开现实中的虚假文明进行批判。

1932年，自称为"自由人"和"第三种人"的资产阶级文人胡秋源、苏汶，大肆宣传超阶级和非功利主义的文艺自由论，用来攻击"左联"无产阶级文学。瞿秋

著名左联作家马宁先生纪念馆的相片

白和鲁迅予以批判。鲁迅鲜明地提出："生在有阶级的社会里而要做超阶级的作家，生在战斗的时代而要离开战斗而独立，生在现在而要做给予将来的作品，这样的人，实在也是一个心造的幻影"，批判了那些幻想超阶级而自由的作家。

鲁迅十分重视自己的文学活动与中国实际相结合。为此，他辞谢了不少出国的邀请。"一·二八"后，内山完造夫妇约请鲁迅赴日，苏联也请他去参加十月革命15周年庆典，鲁迅考虑到一旦离开中国就不能了解国内情况，就都没去。朋友们劝他，他说："没有人应该逃避，必须有人出来坚持战斗！"

鲁迅正是这种脚踏实地为民众争取光明和独立的战士。

1932年，鲁迅参加了"中国民权保障同盟"，并经常参加"同盟会"的活动。他主要是从思想文化方面来配合"同盟会"。

当日本侵略者步伐紧逼之际，鲁迅密切注视着时局的发展，利用《申报》副刊《自由谈》这块阵地，发表了大量的时事短评。因现实的黑暗，进步作家"吟不得"，也"无写处"，没有一点自由，故此，鲁迅把这时的杂文结集为《伪自由书》。

与"五四"时期的杂文相比，此刻的鲁迅，对时事、政治的批评，已不是从揭露封建制度罪恶着眼，他在分析社会现象时，批判的是中国传统文化中的深层的心理痼疾。国内反动派和日本帝国主义相勾结，高喊“攘外必先安内”，结果却是屠杀无辜的中国人，推行“逃跑主义”、汉奸哲学，究其根源，这正是被中国文化束缚下的甘做奴隶的思想作祟。可见，鲁迅仍是怀着革新中国文化的目的，来从事自己的文化活动的。

1933年，国民党加强了法西斯统治，民权保障同盟的总干事杨铨被杀害，以此达到恐吓宋庆龄、鲁迅、蔡元培的目的。鲁迅成了国民党拟定杀害人员之一。毫无畏惧的鲁迅，不仅参加了杨铨的葬礼，还坚决不搬家，他对许广平说：“管他呢，就是被杀死了，也打什么紧

左联纪念馆游览区围墙上的碑文

呢?”就在为杨铨送殡仪式时，鲁迅出门不带钥匙，以示他视死如归、毫不退却的意志。

鲁迅临危不惧，谈笑于刀丛之中，只是“时有对于时局的愤言”，无处发表。只好用谈“风月”，说“琐屑”的曲笔形式来表达，鲁迅称其为“戴着枷锁的跳舞”，故杂文就叫《准风月谈》。

在这些杂感中，鲁迅透过这种种的病态社会现象，仍旧从“立人”的角度，从人生存的角度，来进行批判。“叭儿狗”类型、“流氓”类型等都受到无情的批判。

鲁迅的这类杂文，不是袭用笼统的国民性的概念，而是挖掘造成这种病态现象的根源，含有对中国传统文化的深刻批判。

鲁迅的杂文从“五四”击时弊，发展到30年代，已形成了自己独特的风格。最突出的特点，就是它的攻击性和战斗性。鲁迅运用独创的艺术形式，为人们再现了“爱的大纛”，“憎的丰碑”。著名的《为了忘却的记念》《“丧家的”资本家的“乏”走狗》《论“费厄泼赖”应该缓行》等等，都是传世的经典之作。

鲁迅总是密切联系现实斗争，反对掩盖反动派血腥罪行的“闲适文学”。在与林语堂和“论语派”的批评、争取、论争中，反对林语堂公开倡言“不谈政治”，大力提倡幽默的主张，指出提倡幽默的小品文，实际上是起着麻醉人民的作用，与帮闲、帮凶文学没区别。当前大众需要的小品文，“必须是匕首，是投枪，”而不是“小摆设”。体现了鲁迅一贯主张的“文学是战争”的思想。

1934年，蒋介石为配合军事上的进攻，掀起“新生活运动”，推行“尊孔谈经”的复古教育，并下令查禁书籍，成立了“图书杂志审查委员会”，鲁迅的著作就有12种被查禁。

在这白色恐怖的狂潮中，鲁迅仍运用各种关系，改

换笔名和做法，继续给“无声的中国”掷出匕首和投枪。他着力揭露“新生活”，只不过是腐朽落后的旧生活，从普通生活分析中，对妇女儿童、道德风俗、社会琐闻等，发表了战斗性意见。在剖析人们生活的艰难中，把矛头指向了社会。

鲁迅关注着民族的危难，他向侵略者、压迫者掷出匕首和投枪，尖锐揭露他们的种种罪行。《关于中国的二三件事》《关于中国的王道》中，深刻概括了几千年来侵略者、剥削者统治中国人民的罪恶史，从本质上揭穿了假“王道”、真侵略的骗局，伸张了中国人民反侵略、反压迫的精神。还在《儒术》《算账》等文中，引述历史的教训，痛斥蒋介石尊孔运动的实质就是实行文化专制主义，替侵略者清道。

从文化“围剿”到军事“围剿”，从民众的贫困动荡，想到自己如居围城的处境，鲁迅心情激荡难平。当日本的社会评论家新居格访华期间，他写诗相赠：“万家墨面没蒿莱，敢有歌吟动地哀？心事浩茫连广宇，于无声处听惊雷。”

“于无声处听惊雷”，在那“大夜弥天”的年代，鲁迅向往着光明，追求着解放。鲁迅的骨头最硬！

迟暮的光辉

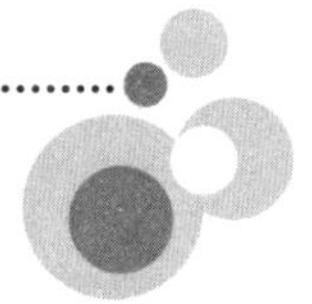

鲁迅礼赞古希腊神话中的窃火者普罗米修斯。他那殉道的勇气、在安乐与受难之间普救众生的精神，激发着鲁迅对人民鞠躬尽瘁，死而后已。

长夜待晓，星斗阑干，处在反文化“围剿”中的鲁迅，又为民众开始努力疏通运输精神食粮的航道——翻译外国文艺作品。

翻译外国的作品，占去了鲁迅一生许多精力。当中国文坛寂寞的时候，鲁迅不止一次地呼吁人们睁开眼睛去瞭望世界。到30年代，鲁迅明确提出，要创造新文化，就得提倡“拿来主义”。借助外国文化精神之光，来烛照国人的精神，为此他耗尽心血。

1930年1月，鲁迅着手翻译长篇小说《毁灭》。他针对“左”倾空谈的乌托邦主义者，脱离中国革命实际的错误观点，提出了批评。指出革命“有血，有污秽，但有婴孩。”而《毁灭》“正是新生之前的一滴血，是实际战斗者献给现代人们的大教训”。真是鲁迅的良苦用心！

1931年，鲁迅自筹资金，于年底出版《毁灭》《铁流》（曹靖华翻译）。他热情赞扬《铁流》是在“岩石似的重压之下”开出的新花，《毁灭》则是“一部纪念碑小说”。

为了打破国民党政府对这两部书的禁锢，鲁迅历尽艰险，经内山书店，一点一点售出。《毁灭》和《铁流》的出版，是1931年打破国民党文化“围剿”的辉煌战果，是鲁迅为人民革命事业、文化事业的又一杰出贡献。

日本友人内山完造与他开设的内山书店

毛泽东同志说："法捷耶夫的《毁灭》，只写了一支很小的游击队，它并没有想去投合旧世界读者的口味，但是却产生了全世界的影响，至少在中国，像大家所知道的，产生了很大的影响。"

苏联社会主义革命的成功，如晨曦照耀着东方。鲁迅为了揭穿帝国主义对苏联的污蔑，让中国人民真正地了解苏联，坚定中国人民的战斗信心，1933年，他又编译出版了《现代文艺丛书》《新俄小说家二十人集》。对"左联"刊物《文学月报》刊发的高尔基的长篇小说《母亲》予以高度评价。

鲁迅不仅自己从事翻译外国作品工作，还精心培养新人，为他们提供成长的园地。1934年，在鲁迅的亲自提议和操劳下，《译文》杂志创刊，它是我国历史上严肃认真地译介外国文学的头一份专业杂志，共出了13期，在大量的作品中，就有鲁迅译的10篇外国作品。为支持《译文》的正常出版，还要不时赶译些短篇作品。

俄国果戈理的长篇小说《死魂灵》，是鲁迅自己认为译得较满意的作品。在他众多的译作中，他感到"惟《引玉集》《小约翰》《死魂灵》三种尚佳"。

鲁迅一面向外国学习，一面也把中国的文艺作品和现状介绍给外国人民，他努力于"输入"，也努力"输出"。1934年，他曾把中国珍贵的木刻印刷和石印画册寄往苏联，供在国外展出；他还把中国“文学革命”以后15年来的短篇小说的选集，请人译成英文，寄往美国，以供出版。同时，他曾把自己写的《中国小说史略》，一句句地译成日文，讲给坐在对面的日本朋友听。

中国的文化有悠久的历史，对于丰富多彩的文化遗产，鲁迅主张要“占有，挑选”。《故事新编》就是鲁迅借用历史题材创作的小说集。在五篇小说中，他借用历史上的人物形象和事件，容纳进大量的现代生活内容，借古讽古，针砭时弊。

鲁迅的劳绩是多方面的。他的晚年，花费了大量的时间、精力、财力，来扶植新兴的木刻艺术。

木刻版画本来发源于中国，但近世寥落，反而在欧

鲁迅与木刻青年合影画

洲大为盛行。这种美术形式简便有力，易于为工农大众所喜爱和掌握，鲁迅认为它是“正合于现代中国的一种艺术”，就决定引它“回国”。从 1928 年主编《奔流》开始，鲁迅即有计划地选登、介绍外国进步的版画。这年冬天，他和柔石等人组成朝花社后，更连续出版了《近代木刻选集》。在这些努力的影响下，中国现代第一个木刻团体“一八艺社”于1929年在杭州成立。1931年上海也成立了同名的木刻团体。当日本版画家内山完造的弟弟内山嘉吉来上海度假，鲁迅邀请他给中国艺徒讲解版画艺术。内山嘉吉为鲁迅的热情所感动，欣然同意。鲁迅亲自参与拟定听课人员名单，亲自筹借会址，还不辞劳苦，不厌琐碎，担任翻译。他每天准时到讲习会来，提着一包版画的书籍和图片，让学生传阅，还为没有准备的学员们准备了木刻用具。

在鲁迅的大力倡导下，全国各大城市相继出现了更多的木刻团体，形成了蓬蓬勃勃的木刻运动，成了中国左翼文艺运动的一个重要组成部分。鲁迅始终是这些木刻团体的坚决支持者和诲人不倦的导师。他给青年木刻工作者写了大量的书信，对他们的作品的思想和艺术提出许多宝贵意见。在鲁迅亲切关怀和扶持下的革命木刻，几年间得到了进一步发展壮大，相继于1935年、1936年两年连续举办了“全国木刻展览会”。鲁迅为展览会捐款、写序、参加座谈。他抱病参观第二次“全国木刻展览会”，并与青年木刻工作者长谈之后仅10天，就与世长辞了。鲁迅在给一个青年木刻家的信中说过：“巨大的建筑，总是一木一石叠起来的，我们何妨做它一木一石

1931年8月在上海“一八艺社”举办木刻讲授会合影。前排右起第三人为鲁迅。

呢？我时常做些零碎事，就是为此。”

伟大的爱和伟大的憎，构成了鲁迅伟大性格的两个方面。不论爱或憎，都熠熠闪亮，光照千古。

有一次，在宴席中，林语堂得意地谈起他在香港的一件逸事：当时有几个广东人在讲广东话，像讲“国语”似的。林语堂说：“我就插进去，同他们讲英语，这可把他们吓住了……”

鲁迅听到这里，忍无可忍，放下筷子，站起来责问

林语堂："你是什么东西！你想借外国话来压我们自己的同胞吗?"这是饱含民族自尊心所喷出的怒火。

星斗阑干战犹酣。鲁迅把祖国晨曦的出现寄托在中国共产党的身上，满怀信心地瞩望着革命的前途。

1935年10月，红军经历了二万五千里长征，胜利地到达陕北。1936年2月，鲁迅得知这一消息，受到极大鼓舞，他请史沫特莱托人转道巴黎，致电毛泽东和朱德同志，热烈祝贺这个伟大的胜利，满怀信心地说："在你们身上，寄托着人类和中国的将来。"

"一二·九"运动，是北京广大群众掀起的抗日救亡的运动。鲁迅谈到报道，便深有感触地说："谁说中国的老百姓是庸愚的呢，被愚弄诓骗压迫到现在，还明白如此。"并满怀革命乐观主义精神，肯定了这场运动产生的必然性。那就是广大人民群众是"中国的脊梁"，"石在，火种是不会绝的，……"

1935年底，鲁迅由于长期的劳累，肺病复发，到1936年5月，病情渐重。美国医生诊断说，倘是欧洲人，早在5年前就死掉了。这也宣告了他就要死亡。

鲁迅学过医，他深知自己的病情，"赶快做"的念头，经常在他的脑子里涌出，催促、激励着他。他觉得自己还有那么多的事情要做。他十分关心当时的政治形势和文艺运动，提出了他对文艺界统一战线的指导性意见。他拖着骨瘦如柴的病体，印着珂勒惠支的版画，筹划《译文》杂志的复刊，翻译《死魂灵》的第二部，编校《海上述林》的稿子……还计划着要为自己编30年集，撰写“中国文学史”，写一部反映中国四代知识分子生活经历的长篇小说……他想得那么多，那么多，唯独没有自己的身体。

1936年，随着中国共产党的抗日民族统一战线形势的深入，文化艺术界也开展了“两个口号”即“国防文学”和“民族革命战争的大众文学”的论争。

鲁迅拖着病体，在争论中写了《答托洛斯基派的信》等3篇重要文章，表明坚决拥护党的抗日统一战线政策，无条件地加入这一战线，并说在其中“做一个小兵还是胜任的，用笔!”

一位文化革命的旗手、伟人，却能怀有一颗这样平常的心，该是达到多高的境界啊!

1936年10月19日凌晨，黎明前的黑暗，终于吞没了鲁迅。他毕生期待着光明的白昼，并为之奋斗不息，但他已经来不及亲眼看看阳光灿烂的白昼，就过早地病逝了。安葬的灵柩上覆盖着写有“民族魂”3个大字的旗子。

鲁迅的一生著作巨丰，他的思想、人格、精神，他的一切，都能从作品中再现。

生命是有限的，可鲁迅精神是永存的!

鲁迅之碑

中华
爱国
人物故事
ZHONGHUA AIGUO RENWU GUSHI